PETER HANDKE: PEÇAS FALADAS

Coleção Textos

Dirigida por:

João Alexandre Barbosa (1937-2006)
Roberto Romano
Trajano Vieira
João Roberto Faria
J. Guinsburg

Equipe de realização – Preparação de texto: Iracema A. de Oliveira; Revisão: Marcio Honorio de Godoy; Ilustrações: Sergio Kon; Projeto de capa: Adriana Garcia; Produção: Ricardo W. Neves, Sergio Kon, Elen Durando e Luiz Henrique Soares.

PETER HANDKE: PEÇAS FALADAS

SAMIR SIGNEU

ORGANIZAÇÃO, INTRODUÇÃO E TRADUÇÃO

Título do original em alemão
Publikumsbeschimpfung und andere Sprechstücke
© Suhrkamp Verlag Frankfurt am Main 1966. All rights reserved by Suhrkamp Verlag Berlin

CIP-Brasil. Catalogação na Publicação
Sindicato Nacional dos Editores de Livros, RJ

P574

Peter Handke: peças faladas / organização e tradução Samir Signeu. - 1. ed. - São Paulo : Perspectiva, 2015.
240 p. : il. ; 21 cm. (Textos ; 31)

Tradução de: Publikumsbeschimpfung und andere sprechstücke
Inclui bibliografia
ISBN 978-85-273-1030-7

1. Handke, Peter, 1942-. 2. Teatro alemão - História e crítica. I. Signeu, Samir. II. Série.

15-22464
CDD: 832
CDU: 821.112.2

06/05/2015   12/05/2015

Direitos reservados em língua portuguesa à

EDITORA PERSPECTIVA S.A.

Av. Brigadeiro Luís Antônio, 3025
01401-000 São Paulo SP Brasil
Telefax: (11) 3885-8388
www.editoraperspectiva.com.br
2015

*A Ingrid Dormien Koudela,
pela pronta aceitação, orientação
e sobretudo pela confiança que em mim depositou.*

*Aos meus familiares,
pela paciência e compreensão.*

*Aos alunos da Escola Recriarte,
pela dedicação.*

*Ao companheiro Manlio Speranzini,
sempre presente, pelos inestimáveis conselhos.*

*E a todos que de alguma forma
me acompanharam nessa jornada pelo teatro
das Peças Faladas de Peter Handke.*

*Suponho que em toda sociedade a produção
do discurso é ao mesmo tempo controlada,
selecionada, organizada e redistribuída
por certo número de procedimentos
que têm por função conjurar seus poderes
e perigos, dominar seu acontecimento aleatório,
esquivar sua pesada e temível materialidade.*

M. FOUCAULT,
A Ordem do Discurso

SUMÁRIO

Cronologia 13

Os Autores de um Percurso 19
Peter Handke nos Anos de 1960 25

PEÇAS FALADAS

    Características Gerais 45

    Predição 51
    Insulto ao Público 81
    Autoacusação 159
    Gritos de Socorro 205

Reflexões 231

Referências 235

CRONOLOGIA

1942   Nasce em 06 de dezembro em Griffen, sul da Áustria, em uma família de origem eslovena.
1944-1948 Vive em Berlim com a mãe, retornando então a Griffen, onde vai frequentar a escola primária.
1954-1959 É interno numa instituição religiosa jesuíta em Tanzenberg; é expulso em função de suas leituras proibidas de William Faulkner, Georges Bernanos e outros autores.
1961   Muda-se para Graz onde cursa Direito.
1964   Publica seu primeiro romance *Die Hornissen* (Os Vespões).
1965   Publica *Publikumsbeschimpfung und andere Sprechstücke* (Insulto ao Público e Outras Peças Faladas).
1966   Abandona o curso de Direito. Em Princeton, nos Estados Unidos, participa da reunião do Grupo 47. Na Alemanha são apresentadas as suas Peças Faladas *Publikumsbeschimpfung, Weissagung und Selbstbezichtigung*.
1967   A peça *Kaspar* é publicada e tem as suas primeiras encenações. Neste mesmo ano recebe o prêmio de

teatro Gerhart-Hauptmann e casa-se com a atriz Libgart Schwarz. A peça falada *Hilferufe* (Gritos de Socorro) tem sua estreia na Suécia. Publica *Der Hausierer* (O Mascate) e a coletânea de contos *Begrüssung des Aufsichtsrates* (Bem vindo ao Conselho Fiscal).

1968   Publica o mimodrama – ou peça muda – *Das Mündel will Vormund sein* (O Pupilo Quer Ser Tutor).

1969   Publica seu romance *Die Angst des Tormanns beim Elfmeter* (O Medo do Goleiro Diante do Pênalti). Muda-se para Paris.

1970   Morando em Paris, escreve peças radiofônicas; estreia a peça *Quodlibet*; escreve *Chronik der laufenden Ereignisse* (Crônica dos Acontecimentos em Curso) e a peça *Der Ritt über den Bodensee* (A Cavalgada Sobre o Lago de Constança). Nasce a sua primeira filha Amina.

1971   Muda-se para Kronberg, na Alemanha, e escreve *Der kurze Brief zum langen Abschied* (Breve Carta Para um Longo Adeus); viaja durante um mês pelos Estados Unidos.

1972   Recebe o prêmio Büchner; estreia, sob a direção de Wim Wenders, o filme *Die Angst des Tormanns beim Elfmeter* (O Medo do Goleiro Diante do Pênalti). Publica *Wunschloses Unglück* (Bem-Aventurada Infelicidade).

1973   Escreve a peça *Die Unvernünftigen sterben aus* (Os Irracionais Estão em Vias de Extinção); recebe o prêmio Schiller; começa a escrever o roteiro do filme *Falsche Bewegung* (Movimento em Falso) durante uma temporada em Veneza; volta para Paris.

1974   Escreve o romance *Die Stunde der wahren Empfindung* (A Hora da Sensação Verdadeira).

1975   Finaliza o roteiro cinematográfico *Falsche Bewegung* (Movimento em Falso), que será dirigido mais tarde por Wim Wenders.

1976	Publica o romance *Die linkshändige Frau* (A Mulher Canhota) que, no ano seguinte, é adaptado e filmado por ele próprio.
1978	Viaja pelo Alaska e começa a escrever o romance *Langsame Heimkehr* (Lento Retorno).
1979	Deixa Paris e muda-se para Salsburgo, na Áustria; é o primeiro laureado com o prêmio Kafka.
1980	Publica a *Die Lehre der Sainte-Victoire* (A Lição de Santa Vitória).
1981	Começa uma nova atividade traduzindo *Mes Amis* (Meus Amigos), de Emmanuel Bove e *The Moviegoer* (O Espectador), de Walker Percy; publica o poema dramático *Über die Dörfer* (Sobre as Aldeias) e o romance *Kindergeschichte* (História de Criança).
1982	Dedica-se à tradução dos autores: Florjan Lipus, Georges-Arthur Goldschmidt, Gustav Janus, Patrick Modiano, Francis Ponge, Bruno Bayen, Jean Genet, Julian Green, William Shakespeare e outros.
1983	É membro do júri da Mostra de Veneza; publica o romance *Der Chinese des Schmerzes* (O Chinês da Dor); recebe os prêmios Grillparzer e o Prêmio Cultural da Província de Carinthia.
1984	Publica sua tradução dos poemas de René Char.
1985	Dirige o filme *La Maladie de la mort* (A Doença da Morte), de Marguerite Duras.
1986	*Prometeu Acorrentado*, por ele traduzido, é representado no Festival de Salzburgo; no mesmo ano publica: *Die Wiederholung* (A Repetição) e *Gedicht an die Dauer* (Poema à Duração).
1987	Faz uma longa viagem a pé pela antiga Iugoslávia; publica seu conto *Die Abwesenheit* (A Ausência) e *Nachmittag eines Schriftstellers* (Tarde de um escritor). Deixa Salzburgo.

1988-1989 Escreve a peça *Das Spiel vom Fragen oder Die Reise zum sonoren Land* (O Jogo das Perguntas ou A Viagem à Terra Sonora).

1989 Publica *Versuch über die Müdigkeit* (Ensaio Sobre a Fadiga).

1990 Publica *Versuch über die Jukebox* (Ensaio Sobre o Jukebox) e *Noch einmal für Thukydes* (Mais uma Vez Para Thukydes).

1991 Publica *Versuch über den Geglückten Tag* (Ensaio Sobre a Jornada Bem-Sucedida) e a peça muda *Die Stunde, da wir nichts voneinander wussten* (A Hora em Que Não Sabíamos Nada Uns dos Outros).

1992 Publica *Langsam im Schatten: Gesammelte Verzettelungen 1980-1992*. (Lentamente na Sombra: Coletânea de Dispersos 1980-1992).

1994 Publica *Mein Jahr in der Niemandsbucht: Ein Märchen aus den neuen Zeiten* (Meu Ano na Baia de Ninguém: Um Conto dos Novos Tempos)

1996 Publica o ensaio *Eine winterliche Reize zu den Flüssen Donau, Save, Morawa und Drina oder Gerechtikeit für Serbien* (Uma Viagem de Inverno aos Rios Danúbio, Save, Morava e Drina ou Justiça Para os Sérvios).

1997 Publica o romance *In einer dunklen Nacht ging ich aus meinem stillen Haus* (Numa Noite Escura eu Saí Tranquilo da Minha Casa) e o drama histórico *Zurüstungen für die Unsterblichkeit* (Preparativos Para a Imortalidade).

1999 Publica o conto *Lucie im Wald mit den Dingsda* (Lucie no Bosque Com as Coisas de Lá) e *Die Fahrt im Einbaum oder Das Stück zum Film vom Krieg* (A Viagem na Canoa ou a Peça Para o Filme de Guerra).

2000 Publica *Unter Tränen fragend Nachträgliche Aufzeichnungen von zwei Jugoslawien-Durchquerungen im Krieg, März und April 1999* (Aos Prantos Pedindo

Por Registros Posteriores das Duas Travessias na Guerra da Iugoslávia, Março e Abril de 1999).

2002 Publica o romance *Der Bildverlust oder Durch die Sierra de Gredos* (A Perda da Imagem ou Pela Serra de Gredos).

2003 Publica sua tradução da peça de Sófocles, *Édipo em Colona*.

2004 Publica e narra sua versão *Don Juan: erzählt von ihm selbst* (Don Juan: Narrado por Ele Mesmo), na Alemanha.

2007 Publica *Leben ohne Poesie: Gedichte* (Vida Sem Poesia: Poesias).

2008 Publica a narrativa *Die morawische Nacht* (A Noite Moravia).

2010 Publica *Immer noch Sturm* (Ainda a Tempestade).

2011 Publica *Der grosse Fall* (A Grande Queda).

2012 Publica *Versuch über den Stillen Ort* (Ensaio Sobre o Espaço do Silêncio).

2013 Publica *Versuch über den Pilznarren: Eine Geschichte für sich* (Ensaio Sobre o Cogumelo Tolo: Uma História à Parte).

OS AUTORES DE UM PERCURSO

A cultura germânica, ao longo de toda a sua história, tem nos oferecido um número expressivo de autores que muito tem contribuído para o desenvolvimento da literatura dramática mundial. Dentre os muitos, um dos primeiros nomes a despertar interesse foi o da freira aristocrática Hrotsvita, que por volta de 955 a 970 escreveu as *Lendas Épicas* e as *Lendas Dramatizadas*. A seguir vem o obscurantismo medieval, com os seus dramas religiosos e suas peças carnavalescas, os trovadores e os menestréis. É por volta de fins do século XVI que Thomas Murnes escreve a sua sátira dramática *Do Grande Bobo Luterano*. O drama alemão passa a ser dividido em atos e cenas.

Na primeira fase do Iluminismo, ou a era da razão, o nome de Johann Christoph Gottsched, fortemente influenciado pelos dramaturgos e críticos franceses, dignifica e concede seriedade ao drama alemão. Já na segunda fase temos as peças de Christian Fürchtegott Gellert. Mas é Gotthold Ephraim Lessing quem vai liberar o drama alemão do classicismo e levá-lo ao mais alto grau da estética racionalista do Iluminismo na Alemanha, com obras como a tragédia *Emilia Galotti* e o drama *Natã, o Sábio*.

Jakob Michael Reinhold Lenz foi um dos principais nomes da geração do movimento pré-romântico na Alemanha. Nas suas Observações sobre o teatro já se encontram presentes o apego à natureza, o interesse pela obra de Shakespeare e uma rejeição às poéticas antecedentes.

O classicismo alemão trabalhou a harmonia entre forma e conteúdo e apresentou temas atemporais, na busca de uma síntese do belo, do bom e do verdadeiro. Johann Christoph Friedrich von Schiller, com *Mary Stuart*, e Johann Wolfgang von Goethe, o grande vulto das línguas germânicas de todos os tempos, com *Fausto*, *Ifigênia e Torquato Tasso*, foram os solidificadores desse período com produções relevantes para a literatura e o teatro.

Bern Heinrich Wilhelm von Kleist é a ponte entre o classicismo e o romantismo, sendo dignos de nota o seu estudo *Sobre o Teatro de Marionetes*, a comédia *A Bilha Quebrada* e as tragédias *Penthesilea* e *O Príncipe de Hamburgo*.

É no período do romantismo que August Wilhelm von Schlegel traduz muitas das obras de Shakespeare e Johann Ludwig Tieck escreve os dramas *O Barba Azul* e *O Gato de Botas*.

Nas primeiras décadas do século XIX, o austríaco Franz Grillparzer será o grande nome do teatro germânico, tendo escrito os dramas *Sappho*, *Libussa* e *A Judia de Toledo*. Dessa época, temos ainda, na Alemanha, os dramaturgos Christian Dietrich Grabbe; mas é Karl George Büchner, morto prematuramente aos 23 anos de idade, quem vai legar ao teatro mundial obras fundamentais para a dramaturgia contemporânea como *Woyzeck*, *Leonce e Lena* e *A Morte de Danton*.

Christian Friedrich Hebbel é considerado não só um representante da "Jovem Alemanha", mas, também, o dramaturgo do realismo por meio das peças *Judite*, *Genoveva* e *Maria Madalena*.

Influenciadas pelos escandinavos, franceses e russos desponta, entre os germânicos, uma geração de dramaturgos naturalistas, entre os quais se encontra o austríaco Ludwig Anzengruber, os alemães Arno Holz, Johannes Schlaf e principalmente Gerhart

Hauptmann – nome representativo do teatro alemão do século XX, com criações dramáticas, épicas e líricas entre as quais se destacam *Antes do Amanhecer* e *Os Tecelões*. A criação do Teatro Livre em 1889 é outro fato importante nessa época, pois as peças são apresentadas sem censura para um público que na sua maioria é formado por associados desse teatro.

Em oposição ao naturalismo aparecem os dramas e as adaptações de tragédias gregas de Hugo von Hofmannsthal; no entanto, são os expressionistas Ernst Toller, Frank Wedekind, Fritz Von Unruh, George Kaiser e Walter Hasenclever quem mais apresentaram outras possibilidades frente ao drama naturalista.

Mas, certamente, foi Bertolt Brecht, por meio do seu teatro dialético, do seu teatro épico, das suas peças didáticas e das suas teorias, quem mais radicalizou e revolucionou as artes cênicas no século XX, influenciando, inclusive, aqueles que se mostravam, a princípio, seus "adversários". Brecht não só trabalhou com uma nova concepção de estrutura e conteúdo do teatro como também escreveu sobre ele; nesse sentido o *Pequeno Organon Para o Teatro* é fundamental para a compreensão e contextualização de sua estética, que dentre as muitas inovações propunha uma nova pedagogia para o espectador. Brecht teve como seu contemporâneo Carl Zuckmayer, dramaturgo muito premiado, que utilizou nas suas peças linguagem e temas popularizantes. Mas seria Brecht quem abriria as portas para as muitas possibilidades do teatro que ainda estaria por vir.

Morto aos 58 anos, Brecht deixaria um legado que influenciaria ou que serviria de base de contestação a várias gerações de dramaturgos, destacando-se o teatro documentário de Heiner Kipphardt, Tankred Dorst e Rolf Hochhut, as peças radiofônicas – *Hörspiel* – de Günter Eich e Peter Hacks, as peças de tendência épica, de Günter Weisenborn, dos suíços Max Frisch e Friedrich Duerrenmatt e de Wolfang Brochert, Peter Weiss e Günter Grass.

Os anos de 1950 ficaram para trás com suas lembranças do pós-guerra e do poder imperialista. Brecht morre em 1956.

Chegam os anos sessenta e surge uma nova geração de dramaturgos de língua alemã que apresenta as mais diversificadas preocupações estéticas e temáticas. Pode-se dizer que uma das primeiras preocupações deles, consciente ou não, era a de se afastarem das influências, do olhar e do peso do nome de Brecht. A dramaturgia daquela época estava impregnada dos desdobramentos da Segunda Guerra Mundial, da divisão das duas Alemanhas, da atmosfera emparedada do muro de Berlim – que foi erguido em 1961 – e das grandes subvenções estatais para os teatros. Em 1966, a Experimenta de Frankfurt – festival cultural interdisciplinar de artes – tem como tema "Brecht ou Beckett?", evidenciando a preocupação sobre as possibilidades de caminhos a seguir: a estética socialista de Brecht ou a estética do teatro do absurdo, dentre os quais o de Beckett.

É nessa época conturbada, tomada de rebeldias, experimentações e irreverências, que vão surgir e se firmar nos países de língua alemã novos nomes nos campos da literatura e da dramaturgia; nomes que trazem uma maior diversidade, tanto de formas quanto de conteúdos, nas suas produções. Destacam-se então: Botho Strauss que, por meio de uma dramaturgia fragmentária, não naturalista ou psicológica, exprime o anonimato das pessoas na sociedade contemporânea, em que a solidão e as situações de incomunicabilidade estão sempre presentes; Franz Xaver Kroetz, que escreveu muito sobre ele mesmo nas suas primeiras peças que falam de uma mutilação social, e nas quais as personagens são os marginalizados; Heiner Müller, discípulo de Brecht, que apresenta, no seu primeiro teatro, peças permeadas de um profundo pessimismo em relação à cultura e à civilização; Rainer-Werner Fassbinder, que critica os valores da classe média com muita irreverência e cinismo; e os austríacos Thomas Bernhard, dramaturgo cujo tema central de seus trabalhos são a morte, o sofrimento e a falta de esperança no mundo em que vivemos; Peter Turrini, que além de exercitar a provocação político-social nas suas peças exercita, também, as experiências expressivas da desestruturação da linguagem; e Peter Handke.

Peter Handke será um digno representante desse período histórico caracterizado por uma revolução cultural que se propagaria por todo o ocidente tendo como ator principal "o jovem". Jovem que não aceitava mais os valores e as regras que a sociedade e o sistema lhe impunham sobre o que fazer, o que dizer, como agir e aonde ir. Tal jovem vai se manifestar e protestar por meio de um comportamento rebelde, de uma forma particular de se vestir – minissaia, moda unissex, cabelos longos, *black-power* – e de uma nova linguagem oral e corporal. Isso logo seria incorporado por uma indústria atenta que via nesse novo pensar, agir e ser um filão a ser explorado e incrementado. Iniciava-se a cultura pop. Peter Handke representaria uma tendência denominada *Neue Subjektiviät*.

PETER HANDKE
NOS ANOS DE 1960

Quebrando Regras

Em 1966, na Universidade de Princeton, nos Estados Unidos, um jovem escritor austríaco de 24 anos de idade, ao participar da reunião anual do Grupo 47[1], romperia com uma das regras preestabelecida pelo seu grupo; essa regra determinava que todas as manifestações públicas dos seus membros deveriam ser feitas apenas por meio da leitura de textos que fossem apresentados previamente. Esse jovem escritor era Peter Handke, filho de família de origem eslovena, nascido em Griffen, sul da Áustria, em 06 de dezembro de 1942. Peter Handke, após ler a sua peça *Insulto ao Público*, tomava a palavra de improviso para falar da "incapacidade da descrição" enquanto recurso literário considerada por ele impotente, monótona e enfadonha. A "descrição" a

---

1 O grupo 47 foi criado por Hans Werner Richter e Alfred Andersch na Alemanha logo no pós-guerra para agregar autores de língua alemã, objetivando a discussão e divulgação das suas produções. Dentre os escritores que aderiram posteriormente ao grupo e que também desconfiavam do chamado "milagre econômico" propagado naqueles dias, estavam Günter Eich, Ilse Aichinger, Heinrich Böll, Ingeborg Bachmann, Günter Grass e Martin Walser.

qual ele se referia era a forma utilizada nas obras de alguns dos seus colegas também presentes na reunião, dentre os quais se destacavam Günter Herburguer e Walter Hölllere. Peter Handke afirmava então ser a favor da "descrição", mas não do tipo que se proclamava naqueles dias na Alemanha do Novo Realismo.

Autobiografia

Entre as muitas possibilidades de abordar o pensamento e a produção artística de Peter Handke nos anos de 1960, época da publicação e das primeiras apresentações de suas Peças Faladas, optou-se aqui por tomar vários de seus escritos avulsos, compilados no livro *J'habite un tour d'ivoire*, tradução de *Ich bin ein Bewohner des Elfenbeinturms Aufsätze* (Eu Habito uma Torre de Marfim), obra publicada na Alemanha em 1972. Esses escritos tratam de diversos temas e foram encomendados, na maioria das vezes, por publicações importantes como, por exemplo, *Der Spiegel, Theater Heute, Sipário*.

Por meio desses artigos e ensaios é possível evidenciar algumas das características do perfil do jovem autor que, no turbilhão das mudanças e movimentos dos anos de 1960, mostrou-se, com suas obras e suas posições na sociedade, um escritor inovador, um jovem polêmico, um debatedor provocador e, antes de tudo, um ser rebelde.

Ele mesmo, no artigo intitulado "Ensaio Autobiográfico" de 1967 e publicado posteriormente em 1992[2], traça o seu perfil aos treze anos de idade, quando era interno de uma instituição educacional religiosa jesuíta, da qual foi expulso em função de suas leituras de autores proibidos como Faulkner e Bernanos. Ao tratar da sua conduta, Peter Handke nos diz que, em 1957, ele se "levantava quando um superior entrava na sala de aula". Dizia também que "acreditava, às vezes, em Deus, o pai todo poderoso,

2 *J'habite une tour d'ivoire*, p. 9-19.

criador do céu e da terra". Durante a missa ele esperava pelos diferentes movimentos: levantava-se antes do evangelho, sentava-se antes do sermão e ajoelhava-se antes da transfiguração. Ele também retraduzia a *História da Paixão* do alemão para o latim. Toda essa conduta nos revela um adolescente obediente, seguidor das regras e, também, já interessado pelas letras.

No que se refere à disciplina de geografia, ele aprendera no internato "que se dava nome aos ventos segundo a direção de onde eles vinham". Ele também "sabia dizer o nome de todas as capitais dos estados". Quanto à história ele sentia "um grande prazer em saber os nomes dos inumeráveis tratados de paz". Peter Handke já sentia prazer em lidar com as palavras.

Com relação ao aprendizado das línguas, ele diz que o estudo das gramáticas estrangeiras, imposto pela instituição em que estudava, o impedia de se ocupar de outras tantas que ele gostaria de aprender. Ele brincava com as declinações das palavras, tendo aprendido a "desprezar certas línguas e a amar outras" e, por perceber que "era mais forte que os outros em gramática grega", ele "sentia-se muito poderoso". Peter Handke demonstra ter tido desde muito cedo facilidade e interesse pelo aprendizado de outras línguas.

Por ter se esquecido de suas experiências de criança, o autor nos diz que "era nas redações, através das palavras aprendidas, que vivenciava as experiências daquela ocasião". Se precisasse descrever algo vivido por ele, não falava disso como tinha vivido. Para ele, "ao escrever sobre essa experiência ela ia se modificando: mesmo uma experiência vivida me parecia outra após ter feito uma redação sobre ela." Ou seja, Handke, já consciente das possibilidades da escritura, modificava suas experiências e vivências na medida em que escrevia sobre elas.

Quanto ao seu relacionamento com as noções de Estado e com eventos ligados à política, ele diz que "cantava todas as estrofes do hino federal". Amava seu local de origem, o país onde havia nascido – sua pátria. Os resultados das eleições proclamados pelo rádio – que aos quinze anos ele já tinha o direito de escutar – o excitavam. Ele "defendia abertamente o Partido Socialista, que estava no índex do internato cristão" onde ele estudara.

Nos dias de exercícios espirituais, de acordo com o regulamento do internato ele devia se manter em silêncio, não podendo se fatigar com as palavras. Ele "sentia-se atraído por palavras que continham prefixos negativos e por manchetes trágicas dos jornais". A palavra outono lhe "vinha à memória porque havia sido no outono anterior que Israel havia bombardeado o Egito". A partir desse episódio as bombas passaram a ter para ele "a forma de manchetes densas e negras". Ele então se lembrava de poucas coisas e raramente empregava a forma do passado; na maioria das vezes ele pensava por antecipação.

A aproximação e o apego de Peter Handke com as palavras e as línguas se manifestou desde muito cedo. As inquietações e descobertas da sua infância e juventude foram partilhadas com o amor e o ódio pelas palavras. Ele se lembra, em livro escrito logo após o suicídio da sua mãe, que ainda menino tivera a experiência de compartilhar com ela as leituras que ela fazia, podendo perceber a repercussão dessas leituras sobre ela:

[Ela] Lia jornais, livros de preferência, onde podia comparar as histórias à sua própria biografia. Lia junto comigo, primeiro Fallada, Knut Hamsun, Dostoiévski, Maxim Górki, depois Thomas Wolfe e William Faulkner. Não manifestava sobre isso nada de publicável, apenas recontava o que havia sido especialmente do seu agrado. "Mas eu não sou assim, de jeito nenhum", dizia às vezes, como se o autor em questão houvesse descrito a ela mesma, em carne e osso. Lia cada livro como se se tratasse de uma descrição de sua própria vida, ganhava com isso uma vida nova; pela leitura explicava-se a si mesma pela primeira vez; aprendeu a falar sobre si mesma; a cada livro mais ideias vinham-lhe à cabeça. Dessa forma acabei sabendo pouco a pouco alguma coisa sobre ela.[3]

Mais tarde, a utilização das palavras como veículo de expressão da memória, de experiências vividas, de reflexão e, sobretudo, como meio de conscientização passariam a ser sua temática

3   *O Medo do Goleiro Diante do Pênalti e Bem-Aventurada Infelicidade*, p. 140-141.

recorrente. Em cada uma de suas obras, seja poesia, peças de teatro, peças radiofônicas, romances, ensaios, roteiros cinematográficos ou traduções, a palavra assumiria sempre uma posição de destaque, a tradução ideal para a sua percepção do mundo.

A Literatura

É de 1967 o ensaio que dá título ao livro: *Ich bin ein Bewohner des Elfenbeinturms Aufsätze* (1972), no qual Peter Handke fala que "a realidade da literatura me tornou atento e crítico para com a verdadeira realidade" e que ela o instruiu sobre ele mesmo e sobre o que se passava em torno dele. A obra literária, sob seu ponto de vista, deveria ser alguma coisa que o modificasse, mesmo que levemente, tornando-o "consciente de uma possibilidade da realidade ainda não pensada ou consciente, uma nova possibilidade de ver, falar, pensar e existir". Ele acreditava que graças à literatura ele poderia se transformar. Se isso era possível, também seria possível mudar os outros graças a sua literatura. Peter Handke acreditava que através da literatura seria possível educar, conscientizar e mudar, porque assim havia sido com ele.

Ele diz: "Kleist, Flaubert, Dostoiévski, Kafka, Faulkner, Robbe-Grillet mudaram a minha consciência do mundo". Para ele, "tanto como autor quanto como leitor, as possibilidades conhecidas de descrever o mundo não me são mais suficientes". E ele não podia mais suportar nenhuma história, pois toda história o distraia; ela o fazia se esquecer dele mesmo com sua ficção e esquecer sua situação; tornava-o alienado e distante do mundo; "de maneira geral, o progresso da literatura parecia consistir numa eliminação progressiva das ficções inúteis" e, portanto, "tratava-se mais de comunicar as experiências, linguísticas ou não linguísticas, e por isso não era mais necessário e útil inventar uma história".

Como autor, o que lhe interessava era mostrar – não dominar – a sua realidade; ele preferia deixar a exploração e o domínio da realidade para as ciências, que graças aos seus dados e métodos (sociológicos, médicos, psicológicos, jurídicos) podiam devolver um novo material à realidade. Handke tinha consciência de que, nos anos de 1960, existia uma cobrança muito grande em relação aos autores que não correspondiam à expectativa de um engajamento, ou àqueles que trilhavam o campo da experimentação; assim, ele diz que havia "uma certa concepção normativa da literatura que designava com uma bela expressão os autores que se recusavam a contar histórias", ou buscavam "novos métodos para descrever o mundo e os experimentar sobre ele". Essa concepção normativa dizia que eles "habitam numa torre de marfim" e os tratavam como "formalistas e estetas"; mas ele estava em "busca dos métodos e modelos para uma literatura que amanhã (ou depois de amanhã) seria qualificada e denominada de realista"; pois, a partir do momento em que esses métodos e modelos fossem utilizados apenas por causa dos maneiristas, eles seriam considerados naturais, mas apenas na aparência. A torre de marfim simboliza, aqui, a insistência de Peter Handke sobre a autonomia da literatura.

Nesse sentido, ele vai ao encontro do que escreveu um dos seus autores favoritos, Alain Robbe-Grillet[4], que nos anos de 1950 e de 1960 procurava explicar a forma e o conteúdo dos seus romances, questionando o papel e a importância das personagens e da história, tomando o uso da literatura como pesquisa, não como teoria, e falando da subjetividade total e da destituição dos velhos mitos da profundidade.

O Engajamento

Quanto ao engajamento político, Handke dizia: "eu não posso ser um autor engajado porque eu não conheço nenhuma

---

4   Alain Robbe-Grillet nasceu em 1922, na França. Era considerado o cabeça da escola do Novo Romance, papel que lhe foi atribuído pelos outros participantes, como Marguerite Duras, Claude Simon e Michel Butor, sobretudo pela produção dos seus escritos teóricos.

alternativa política para aquilo que existe, aqui ou em outro lugar (quando muito, uma alternativa anarquista)".

Novamente, tinha-se em Robbe-Grillet uma posição que se aproximava à de Peter Handke. O autor francês dizia que "o único compromisso possível para o escritor é a literatura" e que:

> Não é razoável, então, pretender servir nos nossos romances uma causa política, mesmo uma causa que nos pareça justa, ainda que na nossa vida política lutemos por seu triunfo. A vida política obriga-nos, constantemente, a admitir significações conhecidas: significações sociais, históricas e morais. A arte é mais modesta – ou mais ambiciosa –: para ela nunca nada é conhecido de antemão.[5]

Também sobre esse tópico, Peter Handke já havia feito alguns comentários em 1966 no ensaio "A Literatura é Romântica" ao se perguntar se "o engajamento é uma atitude voluntária ou um estado involuntário? Qual é o escritor que não é engajado?" E também dizia que "aquele que se engaja se preocupa em alcançar seu objetivo" e que "o engajamento não é um estado passivo, mas uma posição". O engajamento para ele seria então ação; "a condição fundamental do engajamento é o reconhecimento de uma certa imagem do mundo, que ainda não está concretizada". Ele recorria, então, ao livro *O Que é Literatura*, de Jean Paul Sartre, para afirmar que "a imagem de mundo daquele que se engaja é uma imagem utópica; [...] uma literatura engajada, isso não existe. O conceito é uma contradição em si. Existem homens engajados, mas não escritores engajados. O conceito 'de engajamento' é político"[6]. Para ele "o engajamento é determinado de maneira material, enquanto a literatura o é de maneira formal: mude sua forma, sua essência também muda. [...] o engajamento visa, de maneira utilitária, a mudança da realidade social, no momento em que um propósito utilitário seria um absurdo para a arte". E asseverava que ao adaptar seu

---

5 *Por um Novo Romance*, p. 152-153.
6 *J'habite une tour d'ivoire*, p. 43-58.

engajamento à forma literária, o escritor acreditava se liberar do conflito entre querer fazer literatura ou bem se engajar[7].

Theodor W. Adorno, ao falar de engajamento diz que esse conceito "não deve ser tomado muito ao pé da letra"[8], pois, no momento em que ele se torna norma de uma censura, se repete o controle da dominação ao qual as obras de arte se opõem, ou seja, ao engajamento controlável. Já em outro livro Adorno diz que: "a obra de arte engajada desencanta o que só pretende estar aí como fetiche, como jogo ocioso daqueles que silenciaram de bom grado a avalanche ameaçadora, como um apolítico sabiamente politizado"[9]. E prossegue: "A ênfase no trabalho autônomo, entretanto, é por si mesma de essência sociopolítica."[10] É possível que Peter Handke se enquadrasse – de maneira consciente –, nos anos de 1960, nessa postura e definição.

Ainda sobre o engajamento, Hans-Thies Lehmann diz que no teatro pós-dramático "seu engajamento político não se situa nos temas, mas nas formas de percepção" e que "a política do teatro é a política da percepção"[11]. A opção por formas diferenciadas daquelas de então, nesse sentido, justifica a postura de Peter Handke não só em relação ao comprometimento da sua obra, mas ao seu próprio como artista atuante.

O conceito de engajamento muda de acordo com o contexto histórico de cada época e com a postura de quem o emite. Peter Handke faz parte da segunda geração de escritores de língua alemã do pós-Segunda Guerra Mundial e da primeira geração após a morte de artistas como Brecht e Erwin Piscator, que morre prematuramente em 1966. Então é, até certo ponto, compreensível a sua postura de rebeldia ao rejeitar e se opor aos procedimentos e atitudes da geração de artistas antecedentes, que na sua grande maioria manifestavam claramente o seu engajamento não só na sociedade, mas principalmente nas suas

7   Ibidem.
8   *Théorie esthétique*, p. 365-366.
9   *Notas de Literatura*, p. 51.
10 Ibidem, p. 70.
11 *Le Théâtre posdramatique*, p. 290-291.

obras. Mas, ao mesmo tempo, já naquela época não deixava de se posicionar frente aos acontecimentos, ainda que dissessem que ele vivia "numa torre de marfim". Atitude e posicionamento que puderam ser constatados quando da dissolução da antiga Iugoslávia; ocasião em que Peter Handke escreveu livros e artigos sobre a problemática e esteve várias vezes naquela região para manifestar a sua posição.

Handke e Brecht

Por tudo o que já foi dito, não é surpresa que o nome de Bertolt Brecht seja muito citado nos ensaios escritos por ele nos anos de 1960: "Teatro de Rua e Teatro-Teatro", "Pelo Teatro de Rua Contra os Teatros de Rua" e "Horváth e Brecht". Peter Handke diz: "Brecht é um escritor que me fez pensar [...] contribuiu na minha educação [...], organizou os esquemas funcionais da realidade num modelo de reflexão feito de oposições." Para ele, "Brecht, nos seus jogos de contradições, demonstrou as baixezas e a tolice monstruosa da sentença principal da reação e do conservadorismo aplicado a grupos de pessoas que viviam em condições insustentáveis."[12]

Ele utiliza o seu esporte favorito como metáfora para a utilização das contradições em Brecht: "um pouco como no futebol, em que o jogador se esforça para fazer um 'belo jogo', para marcar um gol, Brecht fez um 'belo jogo' de oposições graças às suas parábolas"; mas, segundo Handke, isso ocorria a uma grande distância da realidade que Brecht queria mudar. E ao fazer uso da ordem hierárquica do teatro para remexer outras ordens, ele teria sido incapaz de mobilizar quem estivesse imobilizado, quem se encontrasse em um estado passivo constante. Handke afirma ainda que, embora Brecht tenha mudado "as atitudes dos atores, ele não mudou diretamente a dos espectadores". Era

12 *J'habite une tor d'ivoire*, p. 59.

"historicamente falso afirmar que a atitude dos espectadores se modificou ao menos indiretamente graças às atitudes dos atores". Handke acrescenta que "Brecht não se satisfazia em organizar as contradições, mas ele incluía no jogo um modelo de futuro marxista que era proposto como solução, como fim".

Pessoalmente, Peter Handke tinha "o marxismo como a única possibilidade de resolver as contradições reinantes", mas ainda assim ele afirmava ser "falsa e mentirosa qualquer manifestação em coro no teatro pela liberdade do Vietnã ou contra a presença dos norte-americanos no Vietnã"; qualquer ação do coro no teatro – e não na rua – resultaria, para Handke, em algo *kitsch* e maneirista. Pois, para ele, "o teatro, como espaço de significação, é tão determinante que tudo o que é sério, preocupação, univocidade, finalidade fora do teatro, ao ser transportado para o palco se tornava jogo". Ele se perguntava então quando é que se analisaria "o caráter mentiroso da falsidade repugnante do sério nos espaços do jogo", já que para ele isso não se tratava de "uma questão de estética, mas de uma questão de verdade".

E aqui se encontram os principais desacordos de Peter Handke para com os procedimentos do teatro de Brecht: "mesmo se Brecht faz como se todas as oposições estivessem abertas, a ausência de ambiguidades e contradições, aquilo tudo acaba por se resolver, como se tudo não passasse de puro negócio de forma – como um jogo – já que tudo se desenvolve no teatro, num espaço de 'jogo e significação'"[13]. Para Handke, o teatro "mesmo como instituição social me parece inapto a mudar as instituições sociais. O teatro formaliza todo movimento, toda futilidade, toda palavra, todo silêncio: ele não serve muito quando se trata de propor soluções, ele reforça os jogos de contradições". Portanto, para Handke, o teatro seria incapaz de reproduzir o mundo, sendo então o mundo parecido cada vez mais com uma imagem remanescente do teatro.

13 Ibidem, p. 61-62.

É no ensaio "Horváth e Brecht"[14] que podemos perceber mais claramente a discordância de Peter Handke em relação aos procedimentos estéticos do teatro de Bertolt Brecht. Ele começava comparando Brecht a outros autores de sua época, como por exemplo William Faulkner e Samuel Beckett, para dizer que Brecht era "certamente um autor trivial". Suas discordâncias com relação à obra de Brecht se davam desde as primeiras "fanfarronadas relacionadas ao gênio", passando pelas suas "pequenas peças didáticas" e fixadas no período intermediário, suas peças "iluminadas pelos problemas do mundo", até chegar "nas suas últimas frases serenas e repletas de chinesices". Quando Handke pensava na complexidade da sua própria consciência, "os modelos de reflexão" de Brecht lhe pareciam "muito simplificados e desprovidos de contradição; apresentando soluções muito simples", que podiam mesmo ser tidas como idílios.

Ao fazer tais assertivas parece que ele, mais do que não estar de acordo com a ideologia e os procedimentos empreendidos por Brecht, estaria muito mais interessado em polemizar e provocar reações furiosas por parte da crítica, que o acusava, então, de buscar o sucesso comercial por meio de plágios de autores mais talentosos do que ele (especialmente os autores do Grupo de Viena[15]: Konrad Bayer, Gerhard Rühm etc.), ou o chamando de "formalista da pior espécie", já que muitos dos procedimentos formais e dos conteúdos encontrados nas suas peças eram de natureza épica.

Não vendo nenhuma luz "nas frases sábias que encantam, nem nos *slogans* que falam de indulgência, nem na falsidade de textos que se valem de ilusões para tornar as desilusões possíveis, utilizando essas desilusões como a grande ilusão", por

14. Ibidem, p. 74-76.
15 Grupo formado em 1952, na Áustria, por Hans Carl Artmann, Konrad Bayer, Gerhard Rühm e Friedrich Achleitner; apesar da dinâmica coletiva na experimentação linguística, não havia entre eles uma coesão programática, sistemática ou organizada. O grupo explorava as potencialidades da linguagem como modo de revelar o que existe para além dela. O trabalho do Grupo era não só na linguagem, mas também com a linguagem; principalmente por meio da técnica da montagem, o que propiciava uma abundante produção. A sua dissolução se dá em 1964.

meio de puros jogos formais Peter Handke punha de lado a obra de Brecht para se voltar à desordem e à sentimentalidade não estilizada de Ödon von Horváth[16].

Nas suas peças, Ödon von Horváth afirmava pretender "colocar no palco gente do povo, gente que vive hoje", em ações que se desenrolavam nos subúrbios das grandes cidades e que nunca tinham um final feliz. Suas peças eram chamadas por ele mesmo de *Volksstück*[17] e nelas o autor dizia escolher "uma maneira de tratar e apresentar os problemas muito próxima ao povo. Assuntos do povo vistos com os olhos do povo!" Mas o que realmente interessava a Horváth era a antiga forma da *Volksstück* e não sua ideologia, que tinha no campo o seu espaço e no amor, nos ciúmes e nas bebedeiras seus temas recorrentes, circunstâncias facilitadoras de empatia por parte dos espectadores. Segundo Henry Thorau: Horváth queria pôr a descoberto as estruturas de um sistema: as estruturas internas e externas – estruturas de comportamento – estruturas de raciocínio – estruturas de linguagem. As personagens de Horváth caracterizam-se, sobretudo, por sua linguagem. Dessa forma, Horváth queria mostrar a miséria humana, interna e externa.[18]

Nesse sentido, não é difícil entender a preferência de Peter Handke para com Horváth em relação a Brecht. Em Horváth a língua era um elemento importante, essencial e coercitivo; uma linguagem que devia ser reproduzida e não vivenciada. As peças de Horváth geralmente não tinham uma grande ação dramática – o texto é composto por minicenas que poderiam ser encenadas não obedecendo a uma sequência –, devendo ser representadas, segundo o próprio autor[19], de forma "estilizada",

---

[16] Ödön von Horváth (1901–1938), romancista e dramaturgo croata que teve suas peças proibidas na Alemanha a partir de 1933, acabando por se exilar em Paris em função das represálias nacional-socialistas.
[17] Peça popular que, segundo Brecht, era uma espécie crua e despretensiosa de teatro, com uma mistura de humor vulgar, sentimentalismo, moralidade primitiva e sensualidade barata.
[18] *Perspectivas do Moderno Teatro Alemão*, p. 80-82.
[19] Ibidem, p. 85.

já que o naturalismo e o realismo poderiam enfraquecê-las. As personagens eram definidas pela linguagem.

Assim como Handke desejava provocar e despertar a consciência do espectador para o fato de que ele estava no teatro ouvindo uma peça, o espectador de Horváth deveria sentir-se incomodado. Ainda segundo Henry Thorau:

> Este é o elemento inovador na *Volksstück* de Horváth: ele ataca padrões ideológicos, mecanismos de recalque que o público traz no consciente. Horváth desmascara o idílio, a paz como apenas aparentes. Antigamente isto se chamava "pão e circo"; num vocabulário mais moderno diríamos: Horváth também põe a descoberto as estratégias de uma indústria de diversão, a estratégia dos meios de comunicação, desmascara essa vida de segunda mão que sugere uma falsa alegria de viver.[20]

Pode-se, então, reconhecer em Horváth a fonte de inspiração de muitas das ideias que marcavam os interesses de Peter Handke nos anos de 1960, seja nas suas primeiras peças, seja nos seus objetivos e procedimentos. Por outro lado, pode-se também reconhecer o profundo conhecimento que Peter Handke tinha do legado de Brecht, da sua importância e representatividade no cenário teatral mundial; ainda que fosse para fazer uma acirrada oposição à obra, à postura e à atitude dele. Nesse sentido, o trabalho de Peter Handke está impregnado, mesmo que indiretamente, do pensamento e dos procedimentos de Bertolt Brecht, além da maneira como ele tratava da relação do espectador com o evento teatral.

O Espectador

Outro ensaio em que Peter Handke fala de Brecht, sem mencionar o seu nome, é "O Trabalho do Espectador" de 1969[21]. Nele Handke fez observações das encenações, ocorridas naquele

---

20 Ibidem, p. 87-88.
21 Cf. *J'habite une tour d'ivoire*, p. 106-153.

ano, de diversos espetáculos no "Encontro Teatral de Berlim", centrando o seu foco de interesse no evento da recepção. O dramaturgo faz comentários e asserções interessantes para a compreensão das suas ideias, dentre as quais a de conscientizar o espectador de que no teatro o mesmo estaria diante do fenômeno teatral, e aí, para ele, "uma peça realista deveria arrebatar o espectador pela sua dramaturgia, pelo trabalho em estabelecer correspondências e comparações". Eram, precisamente, as contradições entre o método teatral e a História, a dramaturgia e os fatos, que suscitavam a necessária sensação desconcertante, o temor e o pavor do espectador. Ao falar do natural no palco, Peter Handke salientava que era preciso "fazer com que o espectador visse esse natural como falso, como dramaturgia", pois essa "seria a única possibilidade dele – o espectador – desmascarar a situação". Ao mesmo tempo, esse mesmo tipo de situação no mundo exterior poderia ser vista "como mecanismo teatral". Por isso seria necessário "um novo olhar do espectador", através do qual eles aprenderiam "a desmascarar o natural como dramaturgia, dramaturgia de um sistema dominante – não apenas no teatro, mas além dele". Seria, portanto, no teatro que o espectador aprenderia, adquiriria e desenvolveria um "olhar estranho", não se deixando "enganar pelas dramaturgias".

Handke reconhece que nesse momento "se ocupar da estética seria mais importante do que nunca. Somente a estética pode tornar o aparelho da percepção tão mais preciso, que reconheceria o natural dessa sociedade como uma coisa fabricada e manipulada"[22]. Somente uma estética nova poderia trazer tanto as provas como os argumentos. A estética nova estaria ocupada em reparar as manipulações das condições sociais e em elaborar suas próprias manipulações, para mostrar tudo isso aos outros. Para um trabalho político no teatro seria preciso mostrar que o espectador estaria orientado desde "o primeiro olhar".

22 Idem.

Para ele, "exigir que o espectador seja ativo no teatro era 'hipocrisia e infâmia'". Nesse sentido, quanto maior fosse a artificialidade – feita de distanciamento e hermetismo – daquilo que se apresentava sobre o palco, mais o espectador poderia aplicar concreta, clara e racionalmente essas abstrações à sua situação real, exterior ao campo do teatro. Ele acreditava que quando tudo já era apresentado de forma acabada e concreta, na forma de um conteúdo fechado, retirava-se do público um trabalho importante que seria a aplicação daquilo que fora apreendido. O teatro que se contenta em apenas fazer com que o espectador reaja, torna-o "desprezível" e já o considera "como completo, como um boneco da solidariedade".

Ainda tratando do espectador, Peter Handke citava a relação do artista plástico alemão Joseph Beuys com seus receptores quando da Experimenta 3 da Academia Alemã de Artes Dramáticas. Numa performance de Joseph Beuys esse artista interagia com um cavalo, repetindo à exaustão as mesmas frases e os mesmos movimentos, provocando nos espectadores um forte incômodo. Segundo Handke, essa provocação era improdutiva, já que os espectadores não tomavam qualquer decisão e permaneciam inertes, durante toda a noite, assistindo às provocações daquele artista. Para ele havia alguma coisa a aprender com Beuys: o teatro e o espectador precisavam se transformar caso contrário o tédio tomaria conta de todos.

Ainda nesse mesmo ensaio, ao falar do XIX Festival Internacional do Filme de Berlim, citou os procedimentos empreendidos por Jean-Luc Godard no seu filme *Le Gai Savoir*[23]. Segundo Handke, o que houve ali de mais interessante foi que os espectadores eram capazes de distinguir no texto e nos sons não só

---

23 *Le Gai Savoir* foi a primeira quebra radical de Godard com os métodos estabelecidos de exibição e distribuição. Dois militantes (um casal) se encontram num obscuro estúdio de cinema para se educarem no pensamento ideológico específico de sons e imagens: o trabalho deles é essencialmente de desconstrução e isso representa um importante passo do próprio Godard no seu retorno ao "grau zero" de cinema, usando a linguagem do cinema para discutir a própria linguagem do cinema. É um filme sobre a forma.

o lugar onde o trabalho havia sido elaborado, mas também em que condições isso havia sido feito e com qual propósito. Seria então trabalho dos espectadores e ouvintes aprender a reconhecer todos esses aspectos, correspondendo então a um "locutor-auditor" do linguista Noam Chomsky: a um indivíduo que estaria sempre consciente, no âmago das situações concretas da linguagem e das imagens, das estruturas que lhe permitiriam "ver as imagens e ouvir os sons".

Nesse sentido, muitas das observações de Handke sobre o trabalho do espectador estão diretamente ligadas a alguns dos itens da forma épica do teatro, formulados por Brecht em notas para a *Ópera dos Três Vinténs* (1928) e para a peça *Ascensão e Queda da Cidade de Mahagonny* (1928/1929). Entre essas formulações, destacaríamos aquela que faz do espectador um observador ao acordá-lo para a atividade intelectual, aquela que explicita o emprego da argumentação e aquela que distancia o espectador do evento teatral, permitindo assim que ele a *estude*.

Certamente, todas essas ideias fizeram de Peter Handke um representante dos anos sessenta do século XX. Numa entrevista a Herbert Gamper, publicada em 1987, ele mesmo se reconhecia como sendo um filho legítimo da sua época:

Eu não tenho nada contra os filhos da sua época; quando escrevi *Insulto ao Público*, eu era realmente um puro filho da minha época e me libertaria também, naquele tempo, de uma infância muito sufocada, muito introvertida; mas tratava-se sobretudo de aparecer em público e de manter um discurso divertido. Eu sou feliz de ter conseguido me tornar, também, um filho da minha época, pois certamente não o fui nos meus primeiros vintes anos de vida. Eu estava isolado, obstinado, respirava às vezes, mas me mantinha isolado, ameaçado de me tornar extravagante. […]

Eu sempre tinha um pouco de vergonha, nos meus primeiros anos de juventude, e de repente pensei: tenho minha parcela em tudo isso; é lá dentro que eu vivo e com esses detalhes da minha alegria pode-se fazer uma montagem. Assim nasceram *Insulto ao Público* e as primeiras Peças Faladas. Elas são, no fundo, as montagens do que chegou a mim do mundo superficial e onde me reconheci, seja pela música dos Beatles ou pelos *slogans* publicitários ou pelas inscrições sobre uma porta: puxar, apoiar ou empurrar. Em *Autoacusação* há: "Eu quis abrir, empurrando as portas que devia abrir, puxando-as", por tolice. Depois vieram dez outros anos da minha vida em que fui – mas não apenas de uma maneira natural – o filho de minha época e na qual eu me senti à vontade também em sociedade (da qual eu também tinha necessidade). Mas, naturalmente, para poder continuar a escrever um livro é preciso, a seguir, deixar de ser um filho de sua época. Num momento qualquer, se percebe que o trabalho da escritura não quer dizer falar com a época histórica, em que se está mergulhado, mas sempre sair dela.[24]

O Peter Handke dos anos de 1960 foi um verdadeiro representante do seu tempo: um jovem escritor austríaco que aos vinte e poucos anos aliava sua rebeldia e inquietação, próprias daqueles anos revolucionários, ao gosto pela polêmica com os seus pares. Amante da arte de provocar o público, ousou questionar e discutir, por meio dos seus escritos, conceitos e pensamentos de obras e de personalidades estabelecidas. Ao adotar a palavra como o seu meio de expressão, propôs e experimentou novas possibilidades de escritura teatral, em que forma e conteúdo dialogavam, visando romper com a passividade do espectador ao questionar a função social do teatro e refletir criticamente a função da linguagem no *faz de conta* da realidade teatral. Nesse sentido, as suas Peças Faladas foram o seu cartão de apresentação.

---

24 P. Handke; H. Gamper, *Espaces intermédiaires*, p. 122-124.

PEÇAS FALADAS

CARACTERÍSTICAS GERAIS

> *Após Brecht, viu-se nascer o teatro do absurdo, o teatro da cenografia, as Sprechstücke, a dramaturgia visual, o teatro de situação, o teatro concreto e ainda outras formas; a análise deles não pode se contentar com o vocabulário épico.*
>
> H.-T. LEHMAN.
> *Le Théâtre postdramatique*

Na citação acima, Hans-Thies Lehmann – professor de teatro e autor alemão de livros de cinema, literatura e teatro – chama a atenção para a tese, já clássica, de Peter Szondi que, ao comentar a "crise do drama", denominou as formas textuais consecutivas como modos de jogos duma "epicização". Apesar do interesse dessa tese, Lehmann diz que ela não é nem uma chave nem uma resposta capaz de abarcar as diversas transformações teatrais que surgiram após o período em que reinou, quase que exclusivamente, a estética teatral de Brecht.

O primeiro teatro de Peter Handke é autorreferencial. O seu discurso teatral tem como tema o teatro. É metateatro. A sua escritura está centrada na primazia do texto – uma literatura teatral que por meio da intertextualidade, da técnica da repetição, das frases feitas, de *slogans*, da colagem verbal, forja uma linguagem desestabilizada, minimalista, um discurso teatral que chega às margens do ensaio cênico, de um *happening* de palavras – uma autodenominação da linguagem. Um formalismo que provoca sempre um certo embaraço. As primeiras peças de Peter Handke foram denominadas, por ele mesmo, de *Sprechstücke* – Peças Faladas.

Nas suas Peças Faladas: *Predição, Insulto ao Público, Autoacusação* e *Gritos de Socorro*, escritas, publicadas e encenadas nos anos de 1960, podemos observar alguns elementos e algumas características e procedimentos recorrentes: são peças em um ato onde não há uma história a ser contada – a fábula já não importa mais. Segundo Lehmann:

> A teoria de Brecht continha uma tese fundamentalmente tradicionalista: a fábula permanecia para ele o fecho da abóbada do teatro. Mas a partir da fábula é impossível compreender a parte mais significativa do novo teatro nos anos de 1960 a 1990, nem mesmo a forma textual tomada pela literatura teatral (Beckett, Handke, Strauss, Müller...).[1]

Também não há personagens, mas oradores, atores falantes; não há um diálogo na sua forma tradicional e os oradores falam diretamente para o público; e mesmo estando juntos sob o palco, os oradores não têm um relacionamento interativo; então, estabelece-se a conversação ao invés do diálogo – ainda que não exista uma resposta concreta, efetiva e oral por parte dos espectadores; é adotada uma estética da provocação por meio de insultos, gritos, autoacusações, predições e repetições; a língua é utilizada como instrumento de investigação e campo de sonoridade; os textos são construídos em blocos, por justaposição, sem que necessariamente uma palavra ou uma frase indique a natureza do relacionamento entre elas; a estrutura

---

1   *Le Théâtre postdramatique*, p. 44.

fundamental das peças é dada pela forma e não pelo conteúdo, fazendo disso um ato de emancipação; busca-se eliminar tudo o que é artifício e ilusão; e, por fim, existe com frequência uma discussão entre realidade e linguagem.

A partir dessas características se estabelece a possibilidade de uma nova convenção teatral em que há cisões e dissoluções na linguagem, e uma desdramatização, já que não há recorrência à fábula. Apresentada dessa maneira, a obra solicita, além de uma nova encenação, um novo espectador e uma nova maneira de tomar contato com seu conteúdo. Para Lehmann é preciso atentar que: "O papel do espectador não é mais o da reconstituição, da recriação e a paciente reprodução da imagem fixada, mas a mobilização de sua própria faculdade de reagir e de experimentar para realizar a participação no processo que lhe é oferecido."[2]

Agora não é mais solicitada do espectador a função de receptor passivo, envolvido por uma história, pela ordenação e encadeamento de ideias e cenas – esse novo espectador não deve ser o guardião de uma imagem produzida no palco, sendo então necessário que ele esteja consciente do jogo teatral para poder refletir e partilhar o que lhe foi oferecido.

Um estudioso de teatro como Marvin Carlson chega mesmo a afirmar que as peças de Peter Handke, principalmente suas Peças Faladas, seriam concretizações, ou ilustrações, das ideias do filósofo, também austríaco, Ludwig Wittgenstein (considerado um dos fundadores da filosofia analítica). Nas duas obras mais conhecidas desse filósofo – *Tractatus logico-philosophicus* e *Investigações Filosóficas* – o autor se aprofundou no estudo da linguagem e do seu funcionamento, sua função, sua lógica, seus jogos, sua capacidade e seus limites. Mas mesmo que esses temas tenham sido caros a Handke, não se encontrou qualquer referência explícita a essa influência.

Outros autores insinuam que o nome Peças Faladas (*Sprechstücke*) seria uma crítica, ou mesmo uma brincadeira, que ele teria

[2] Ibidem, p. 217.

feito às peças didáticas (*Lehrstücke*) de Brecht. Mas o que parece mais provável é que seus objetivos tenham sido mais artísticos do que pedagógicos, já que suas pretensões parecem situar-se mais no campo da *conscientização* do que no da *revolução*. A pesquisadora Ingrid Dormien Koudela, que tem vários estudos dedicados às peças didáticas de Brecht, diz que "o trabalho das *peças didáticas* é com a linguagem", e que Brecht propunha uma "*tipologia dramatúrgica*, com vistas a um teatro revolucionário do futuro"[3]. Embora as Peças Faladas também sejam um trabalho de linguagem que aponta para um teatro do futuro, elas não trazem, como nas peças didáticas, o conceito de *Handlungsmuster* (modelo de ação) presente nos exercícios de dialéticas, em que o texto é experimentado cenicamente, visando à participação do leitor como ator (ação) e coautor (reflexão) do texto. Nas peças faladas só pela reflexão é que se alcançaria a conscientização.

José Pedro Antunes, tradutor de *O Medo do Goleiro Diante do Pênalti*, escreve no seu posfácio à página 169:

Alguns detratores afirmam que, sempre oportunista e de olho no grande público, Handke ter-se-ia aproveitado da chance desperdiçada por Heissenbüttel de transpor para o teatro seus experimentos linguísticos. Daí teriam saído as famosas *Sprechstücke*, as Peças Faladas. Outras influências importantes: a poesia concreta, o chamado Wiener Gruppe (Grupo de Viena), de Konrad Bauer e Oswald Wiener a Ernest Jandl e Friederike Mayröcker.

Seria o teatro de Peter Handke formalista? antiteatro? metateatro? *happening*? teatro puro? teatro pós-dramático? Podemos verificar, qualquer que seja o rótulo, que nas suas Peças Faladas encontramos algumas das matrizes da renovação do teatro contemporâneo não só no que diz respeito à dramaturgia, mas também, por extensão, a todos os elementos, procedimentos e conceitos vinculados ao fazer teatral.

Quando da publicação do volume contendo suas Peças Faladas, ele escreveu a seguinte nota introdutória:

[3] *Brecht na Pós-Modernidade*, p. 20.

As Peças Faladas são representações teatrais não imagens, no sentido de que elas não dão nenhuma imagem do mundo. Elas mostram o mundo não sob a forma de imagens, mas antes sob a forma de palavras; as palavras das Peças Faladas não representam o mundo como uma coisa que estaria fora das palavras, mas antes como o mundo no contexto das próprias palavras. As palavras que formam as Peças Faladas não oferecem uma imagem do mundo, mas apenas uma noção do mundo. As Peças Faladas são teatrais no que elas emprestam naturalmente da linguagem real. Elas se servem unicamente de formas que, mesmo na realidade, são expressões da nossa natureza; isto quer dizer que emprestam das formas de linguagem puramente orais. Usam, então, da linguagem natural do insulto, da autoacusação, da confissão, da afirmação, da interrogação, da justificação, da dissimulação, da predição, do grito de socorro. Elas recorrem à presença de um interlocutor, de uma pessoa ao menos, que escute. Sem o interlocutor, não seriam expressões espontâneas, mas apenas elucubrações do autor. Nisso, as Peças Faladas são do teatro. Elas parodiam, por meio do tom irônico, tudo o que se acha nas formas de linguagem que acabo de enumerar.

Nas Peças Faladas toda ação é excluída porque uma ação sobre o palco seria apenas a imagem de uma outra ação. Elas se adaptam à forma que lhes é dada; se limitam às palavras e não podem dar nenhuma imagem, nem mesmo uma imagem contida nas palavras, pois toda imagem forjada pelo autor não seria mais que uma expressão natural; seria exterior.

As Peças são prólogos autônomos de peças antigas. Elas não querem constituir uma revolução, mas apenas chamar a atenção.[4]

Com esta nota introdutória, que também pode ser lida como um manifesto ou declaração de princípios, ele expõe as razões e os procedimentos que caracterizam as suas Peças Faladas como uma renovação: elas não são uma "imagem do mundo" e sim a sua "representação" que se concretiza através das palavras, sem qualquer pretensão de "ação"; a função dessas peças não é revolucionar, mas chamar a atenção do espectador para um conteúdo particular.

Ainda sobre essa produção dramatúrgica de Handke, Hans-Thies Lehmann assim se manifesta:

---

4 *Outrage au public et autres pièces parlées*, p. 7-8.

Podemos dizer que nos textos excepcionais desse período o modelo de comunicação dramática é mais distintamente recolocado em questão que a prática da encenação. Assim, encontra-se igualmente na genealogia do teatro pós-dramático as *Sprechstücke*, as Peças Faladas, de Peter Handke. Aqui o teatro se desdobra, cita seu próprio discurso; e isso não apenas pelo desvio de um aprofundamento dos significantes teatrais, mas pelo viés duma qualidade autorreferencial, que produz indiretamente a "mensagem", que produz a referência do real. A problematização da realidade sob o ponto de vista da realidade de signos teatrais torna-se metáfora para a vacuidade das figuras de linguagem as mais corrente, sua circulação sem saída. Se os signos não se deixam mais ler como referentes a um significado determinado, então o público se acha de novo perturbado diante da alternativa, seja por não pensar em face dessa ausência, seja por ler as próprias formas, os jogos de linguagem e os atores, tais quais eles se apresentam aqui e agora.[5]

As Peças Faladas radicalizam quando fazem uso da linguagem não só para conscientizar o espectador de um conteúdo, mas também para colocá-lo frente a frente com o poder da palavra. *Predição*, *Insulto ao Público*, *Autoacusação* e *Gritos de Socorro* são experimentações de um jovem escritor que logo a seguir produziria e legaria para o teatro uma obra exemplar da dramaturgia mundial: *Kaspar*. Consciente da tradição do teatro europeu, Peter Handke pode dar asas ao antidrama, ao romper com a tradição do teatro de ilusão. E se ele foi influenciado por alguém, consciente ou não, dois nomes são relevantes: Ludwig Wittgenstein – e a reflexão crítica sobre a linguagem; e o Grupo de Viena – cujas experimentações linguísticas nos levam à escrita racionalizada de Handke.

No início da década de 1960, Viena deixa de ser o centro estimulador da cultura austríaca e a cidade de Graz, com a constituição do *Forum-Stadtpark* – que conta com a iniciativa de Emil Breisach, Alfred Kolleritsch e Wolfgang Bauer – passa a ser o novo espaço cultural para a geração literária daqueles anos. É aí que Peter Handke se tornará o representante mais instigante da sua geração.

---

5   Op. cit., p. 83.

PREDIÇÃO

WEISSAGUNG

A *Tautologia em Cena*

Predição foi escrita em 1965 e encenada pela primeira vez em 1966. Das quatro Peças Faladas esta é a menos encenada.

Depois do título indicativo – *Predição* – que também pode ser traduzida como profecia, temos a seguir uma epígrafe com versos do poeta Osip Madelstam[1]:

> *Onde começar?*
> *Tudo estala, se desloca e cambaleia*
> *O ar vibra de comparações*
> *Uma palavra não convém mais do que uma outra.*
> *A terra zumbe de metáforas...*

Tanto o título da peça como sua epígrafe já nos remetem ou indicam aquilo que iremos ler ou ouvir a seguir: nós – receptores –, sem que haja uma fábula, seremos introduzidos no universo da redundância, da tautologia, da anáfora, das comparações e metáforas; será como se estivéssemos diante de ilustrações de teoremas da lógica matemática.

Os oradores são quatro: 'a', 'b', 'c', 'd'. Não são nem atores nem personagens. Essa é a única informação que está contida na breve didascália em todo o corpo da peça. Diferentemente das suas outras Peças Faladas, em que a direção é quem determina aquilo que será dito pelos oradores, aqui o autor já determina quem dirá o texto. As falas não têm qualquer relação entre si, sendo uma série de afirmações evidentes. Ora o autor determina que o texto seja dito individualmente por 'a', 'b', 'c', ou 'd', ora que seja dito por duplas ab, ac, ad, bc, bd, cd, ora que seja dito em trios abc, dcb, bcd e ora que seja dito em quartetos: abcd, dcba. Essas ordenações nos fazem lembrar sequências musicais, dando um aspecto de "coral" ao texto, com seus solos, duetos, tercetos e quartetos de vozes.

---

[1] O poeta polonês Osip Mandelstam nasceu em 15 de novembro de 1891, em Varsóvia. Ainda jovem muda com sua família para São Petersburgo, na Rússia. Estudou na Sorbonne, na Universidade de Heidelburg e na Universidade de São Petersburgo. É uma das grandes vozes da poesia russa do século 20. Publicou cinco livros. Morreu em 27.12.1938, no Arquipélago Gulag, onde se encontrava exilado.

O texto impresso de *Predição* apresenta uma diagramação específica, com um layout particular no papel. Isso novamente evidencia a relação com a música, seja na distância dos blocos de texto, seja nas variações de deslocamento do texto com relação à margem esquerda da folha. O texto se apresenta então como uma partitura musical, onde é possível reconhecer diferentes densidades de uma massa sonora.

Na sua *Teoria Estética*, Adorno diz que:

O conteúdo da música é, a rigor, aquilo que se passa, os episódios, os motivos, os temas, sua elaboração: são situações flutuantes. O conteúdo não está situado fora do tempo musical; ele lhe é, ao contrário, essencial e universal: é tudo o que tem espaço no tempo. Em compensação, o material, é disso que dispõem os artistas: o que se apresenta a eles em palavras, cores e sons até as associações de todas as espécies, até os diferentes procedimentos técnicos desenvolvidos; assim, as formas podem igualmente se tornar material; isto é, o que se apresenta a eles e sobre o que eles têm que decidir.[2]

Encontramos nesta peça várias formas de repetição – procedimento caro aos pós-dramáticos:

- Por meio de desinências verbais das terceiras pessoas do singular e do plural do futuro do indicativo. Exemplos:

"As moscas morre*rão* como as moscas";
"O burguês se comporta*rá* como um burguês";
"As bombas cai*rão* como as bombas".

- Pela repetição dos substantivos de cada frase, como sujeito e predicado. Exemplos:

"O *touro* mugirá como um *touro*";
"O *enteado* será tratado como um *enteado*";
"Os *anjos* falarão a linguagem dos *anjos*".

---

2 *Théorie Esthétique*, p. 222.

- Pela repetição do advérbio de comparação ou modo "como". Exemplos:

"O louco correrá *como* um louco";
"O herói da ópera se comportará *como* um herói da ópera";
"No teatro as coisas vos acontecerão *como* no teatro".

Mas de modo diferente ao que o título da peça possa sugerir, em *Predição* nos deparamos com constatações simplistas, verdades corriqueiras, um fatalismo exacerbado por meio de jogos de redundância da linguagem e do pensamento que não apontam para o futuro, mas para o aqui e agora. Corroboram para esse efeito de redundância o uso de figuras de linguagem e de pensamento como a tautologia – que repete a mesma ideia e palavras para dizer sempre a mesma coisa. Exemplos:

"A marmota dormirá como a marmota";
"O profeta será inspirado como um profeta";
"O vento será veloz como o vento".

Também é frequente o uso da anáfora – figura de repetição que faz uso de uma ou mais palavras no princípio de duas ou mais frases, ou versos. Exemplos:

"*Mas* os peixes do mar serão incontáveis como os peixes do mar".
"*Mas* a areia à margem do mar será incontável como a areia à margem do mar".
"*Mas* as estrelas no céu serão incontáveis como as estrelas no céu".
"*Mas* os homens sobre a terra serão incontáveis como os homens sobre a terra".

No último movimento da peça, com a supressão do uso do advérbio "como", a tautologia dá espaço para que na ideia de futuro proposta o sujeito não necessariamente esteja contido no predicado; o que resulta em frases como: "As nulidades serão reduzidas a nada".

Em nenhum momento do texto tem-se a presença de pronomes pessoais; isso, aliado aos verbos flexionados nas terceiras pessoas do singular e do plural, nos remetem a um discurso narrativo. Ao localizar em um corpo que não é nem seu, nem do público, o texto não permite qualquer identificação ou ilusão com o que é dito ou ouvido. Aqui, oradores e receptores compartilham o mesmo tempo e espaço no reconhecimento de um outro "ser".

A declaração final dita pelos quatro oradores – a, b, c, d: "Cada dia será um dia como o outro", pode ser tida como uma provocação sobre a alienação e o conformismo.

Onde começar?
Tudo estala, se desloca e cambaleia
O ar vibra de comparações
Uma palavra não convém mais do que uma outra.
A terra zumbe de metáforas...

OSIP MANDELSTAM

Quatro oradores (a, b, c, d)

a
As moscas morrerão como as moscas.
b
Os cães de caça farejarão como os cães de caça.
c
O porco empalado gritará como um porco empalado.
d
O touro mugirá como um touro.
a
As estátuas se erguerão como as estátuas.
b
As galinhas se dispersarão como as galinhas.
c
O louco correrá como um louco.
d
O possuído uivará como um possuído.
a
O cão sarnento vagueará como um cão sarnento.
b
O abutre volteará como um abutre.
c
A folha vibrará como uma folha.
d
A relva fremirá como um campo de relva.
ab
O castelo de cartas se desmoronará como um castelo de cartas.
ac
As bombas cairão como as bombas.
ad
As frutas maduras cairão dos galhos como frutas maduras.
bc
A gota d'água que se espatifará sobre a pedra ardente se evaporará como uma gota d'água que se espatifa sobre a pedra ardente.

bd
Os condenados à morte aguardarão a aurora como os condenados à morte.
abcd
A porca decapitada sangrará como uma porca decapitada.
a
O burguês se comportará como um burguês.
b
O grosseiro se comportará como um grosseiro.
c
O homem honesto se comportará como um homem honesto.
d
O herói da ópera se comportará como um herói da ópera.
a
O enteado será tratado como um enteado.
O homem que faz os milagres será esperado como um fabricante de milagres.
O prodígio será um objeto de curiosidade como um prodígio.
O Messias será esperado como um Messias.
A vaca leiteira será explorada como uma vaca leiteira.
Os leprosos serão isolados como os leprosos.
O inferno será amaldiçoado como o inferno.
A mortalha será desdobrada como uma mortalha.
O cão atacado pela raiva será abatido como um cão atacado pela raiva.
b
O mau aluno tagarelará como um mau aluno.
O papagaio tagarelará como um papagaio.
Os milípedes procurarão a luz como os milípedes.
A neve no mês de maio derreterá como neve no mês de maio.
A criança será alegre como uma criança.
O milagre se produzirá como um milagre.
O cadáver no rio inchará como um cadáver no rio.
O trovão trovejará como o trovão.

cd
O carroceiro lançará pragas de carroceiro.
A rã dará pulos de rã.
O relâmpago terá a fulgurância do relâmpago.
O ladrão se esquivará como um ladrão.
O comilão se empanturrará como um comilão.
O aluno travesso se esconderá como um aluno travesso.
Um golpe de espada na água terá o efeito de um golpe de espada na água.
Um soco na cara terá o efeito de um soco na cara.
A víbora morderá como uma víbora.
bcd
Os cavalos feridos empinarão como os cavalos feridos.
O acusador será discreto como um acusador.
O cão do solar uivará como um cão do solar.
O judeu regateará como um judeu.
O peixe pescado com o anzol se debaterá como um peixe pescado com o anzol.
A ferida purulenta queimará como uma ferida purulenta.
A virgem seduzirá como uma virgem.
O homem do oeste andará como um homem do oeste.
O marinheiro andará como um marinheiro.
O espanhol andará como um espanhol.
Gary Cooper andará como Gary Cooper.
Pato Donald andará como Pato Donald.
a
O poodle molhado andará com o rabo entre as pernas como um poodle molhado.
O pobre pecador se sentirá como um pobre pecador.
A vaca se deterá diante do portão novo como uma vaca diante de um portão novo.
O galo reinará sobre o estrume como um galo sobre o estrume.
ab
A árvore arrancada tombará como uma árvore arrancada.
Os guerreiros selvagens combaterão como guerreiros selvagens.

O gato dará voltas ao redor do mingau fumegante como um gato ao redor do mingau fumegante.
Os cães à aproximação da tempestade se esconderão como os cães à aproximação de uma tempestade.
O leão rugidor rastejará como um leão rugidor.
A novidade se propagará como uma novidade.
abc
A hiena uivará como uma hiena.
O guarda noturno bocejará como um guarda noturno.
Os conjurados falarão baixo como os conjurados.
O canavial ao vento se curvará como um canavial ao vento.
A avestruz esconderá sua cabeça na areia como uma avestruz.
O empalhador agachará como um empalhador.
A marmota dormirá como uma marmota.
O cão morrerá como um cão.
abcd
O murro no olho irritará como um murro no olho.
a
A peste empestará como a peste.
b
A rosa perfumará como uma rosa.
c
O enxame de vespas zumbirá como um enxame de vespas.
d
Vossa sombra vos seguirá como uma sombra.
a
O túmulo será mudo como um túmulo.
O monumento se erguerá como um monumento.
b
O homem se erguerá como um homem.
A rocha resistirá ao assalto das ondas como uma rocha ao assalto das ondas.
c
A tempestade se aproximará como uma tempestade.
As formigas desfilarão como as formigas.

d
A vazante da maré agitará o oceano como uma vazante da maré.
O rebanho de ovelhas assustadas se dispersarão como um rebanho de ovelhas assustadas.
a
A areia escorrerá entre os dedos como areia.
b
No teatro as coisas vos acontecerão como no teatro.
c
O ovo parecera com o ovo, como um ovo a um outro ovo.
abc
O grito na boca será como um grito na boca.
d
Os tubos do órgão estarão dispostos como os tubos do órgão.
As trombetas do julgamento final retumbarão como as trombetas do julgamento final.
A manifestação se imporá como uma manifestação.
c
A toupeira revolverá o húmus como uma toupeira.
b
A voz de um outro mundo ressoará como uma voz de um outro mundo.
a
A avalanche descerá como uma avalanche.
Aqueles que a razão abandona estarão perdidos como aqueles mesmos que a razão abandona.
ab
O profeta será inspirado como um profeta.
Os anjos falarão a linguagem dos anjos.
A traça será atraída pela luz como uma traça pela luz.
A porta da granja se abrirá como uma porta de granja.
abc
Os olhos se abrirão como os olhos que se abrem.
Os resíduos serão expelidos como os resíduos.

Os ratos fugirão do navio a pique como os ratos fugitivos dos navios a pique.
Deus se apresentará diante dos homens como um Deus.
ab
A marmota dormirá como uma marmota.
a
O muro estará em pé como um muro.
d
As espigas de centeio ondularão ao vento como as espigas.
dc
Os cogumelos após a chuva germinarão como os cogumelos após uma chuva.
dcb
A casca de noz dançará sobre a água como uma casca de noz.
dcba
Os pássaros migratórios empreenderão seus voos como pássaros migratórios.
Aqueles que andam sobre as nuvens andarão como sobre as nuvens.
Aqueles que caem das nuvens, cairão como das nuvens.
Aqueles que estão no sétimo céu se sentirão como no sétimo céu.
d
Aquele que foi picado pela tarântula se inquietará como um homem picado por tarântula.
ad
Maré alta e maré baixa alternarão como maré alta e maré baixa.
O peixe na água se movimentará como um peixe na água.
Água e fogo se casarão como água e fogo.
O dia se diferenciará da noite como o dia da noite.
b
Deus viverá na França como Deus na França.
c
O sonho vos aparecerá como um sonho.
b
A eternidade vos aparecerá como a eternidade.

abcd
Mas os peixes do mar serão incontáveis como os peixes do mar.
Mas a areia à margem do mar será incontável como a areia à margem do mar.
Mas as estrelas no céu serão incontáveis como as estrelas no céu.
Mas os homens sobre a terra serão incontáveis como os homens sobre a terra.
a
E os coelhos proliferarão como os coelhos.
b
E as bactérias proliferarão como as bactérias.
c
E os pobres proliferarão como os pobres.
d
E um homem como você e eu será semelhante a um homem como você e eu.

a
O pão nosso de cada dia será necessário como o pão nosso de cada dia.
b
O sangue será vermelho como o sangue.
c
O vento será veloz como o vento.
d
O veneno terá a cor do veneno.
a
O mingau terá a consistência de um mingau.
b
O inocente será feliz como um inocente.
c
A vida será múltipla como a vida.
d
A peneira será furada como uma peneira.

PREDIÇÃO

a
O fim das coisas será indizível como o fim das coisas.
b
O gume do machado será afiado como gume de um machado.
c
O universo será infinito como o universo.
d
A boneca será frágil como uma boneca.
a
O tonel será compacto como um tonel.
b
O negro será atrevido como um negro.
c
O pai será para o filho como um pai para seu filho.
d
O campo de beterrabas será arado como um campo de beterrabas.
a
O papa será infalível como o papa.

b
O romance será fantasia como um romance.
c
O filme será irreal como um filme.
d
A agulha no palheiro será impossível de achar como uma agulha no palheiro.
a
A noite será silenciosa como a noite.
b
O pecado terá a negrura do pecado.
c
A alma será impenetrável como a alma.
d
A cisterna será profunda como uma cisterna.

a
A esponja será encharcada d'água como uma esponja.
b
O poeta será ingênuo como um poeta.
c
Os outros serão exatamente iguais aos outros.
d
A morte virá tão certa como virá a morte.
a
O amanhã virá tão certo como virá o amanhã.
b
O amém ao fim da oração virá tão certo como um amém ao fim de uma oração.
c
Alguma coisa chegará tão certo como alguma coisa que deve chegar.
d
O pavão será orgulhoso como um pavão.

abcd
E aqueles que foram transfigurados se sentirão como transfigurados.
E aqueles que o horror transformou em estátuas de sal ficarão em pé imóveis como estátuas de sal.
E aqueles que foram fulminados pelo raio cairão como fulminados pelo raio.
E aqueles que foram banidos aprenderão a paciência dos banidos.
E aqueles que foram petrificados ficarão petrificados.
E aqueles que ouviram chamar seus nomes se aproximarão como os chamados por seus nomes.
E aqueles que foram paralisados serão fixados num lugar como paralisados.
E aqueles que o raio fulminou ficarão imobilizados num lugar como fulminados pelo raio.

E aqueles que andam durante o sono andarão como os que andam durante o sono.

E aqueles que foram tirados do sono e deixados à margem da estrada ficarão lá, como tirados do sono e deixados à margem da estrada.

E aqueles que começaram uma nova vida se sentirão como no início de uma nova vida.

E aqueles que são o reflexo de outra pessoa se sentirão como reflexo de outra pessoa.

E aqueles que acabam de nascer se sentirão como à aurora da vida.

E aqueles que foram rompidos pela fadiga se sentirão como rompidos pela fadiga.

E aqueles que desaparecem da superfície da terra serão como desaparecidos da superfície da terra.

a
A realidade se tornará realidade.

b
A verdade se tornará verdade.

ab
O gelo se transformará em gelo.

abc
As montanhas formarão montanhas.

abcd
Os vales se cruzarão em vales.

abc
As nulidades serão reduzidas a nada.

ab
A cinza se consumirá em cinza.

b
O ar se transformará em ar.

a
O pó cairá em pó.

d
A doninha terá novamente uma agilidade de doninha.

c
A pena terá novamente uma leveza de pena.
    b
    O rancor terá novamente a amargura do rancor.
        a
        A cal terá novamente a brancura da cal.
            d
            A manteiga terá novamente a riqueza da manteiga.

dc
O pensamento terá novamente o vigor do pensamento.
    b
    O cabelo terá novamente a delicadeza do cabelo.
        a
        A morte será enfadonha como uma morte.
            d
            Os mortos terão a palidez dos mortos.
c
Os agonizantes não terminarão de agonizar.
    b
    O corvo terá a negrura do corvo.
        a
        O palco terá a monotonia do palco.
            d
            A pele terá a fragilidade da pele.
c
O dedo terá a espessura de um dedo.
    b
    A corda será usada como corda.
        a
        A pedra terá a dureza da pedra.
abcd
Cada dia será um dia como o outro.

> Wo beginnen?
> Alles kracht in den Fugen und schwankt.
> Die Luft erzittert vor Vergleichen.
> Kein Wort ist besser als das andre,
> die Erde dröhnt von Metaphern...
>
> *Osip Mandelstam*

Vier Sprecher (a, b, c, d)

a
Die Fliegen werden sterben wie die Fliegen.
b
Die läufigen Hunde werden schnüffeln wie läufige Hunde.
c
Das Schwein am Spieß wird schreien wie am Spieß.
d
Der Stier wird brüllen wie ein Stier.
a
Die Statuen werden stehen wie Statuen.
b
Die Hühner werden laufen wie die Hühner.
c
Der Verrückte wird rennen wie ein Verrückter.
d
Der Besessene wird heulen wie ein Besessener.
a
Der räudige Köter wird streunen wie ein räudiger Köter.
b
Der Aasgeier wird kreisen wie ein Aasgeier.
c
Das Espenlaub wird zittern wie Espenlaub.
d
Das Gras wird zittern wie das Gras.
ab
Das Kartenhaus wird einstürzen wie ein Kartenhaus.
ac
Die Bomben werden wie Bomben einschlagen.
ad
Die reifen Früchte werden wie reife Früchte von den Bäumen fallen.
bc
Der Tropfen auf dem heißen Stein wird versiegen wie ein Tropfen auf dem heißen Stein.
bd
Die Todgeweihten werden stehen wie die Todgeweihten.

abcd

Die gestochene Sau wird bluten wie eine gestochene Sau.

a

Der Durchschnittsbürger wird sich benehmen wie ein Durchschnittsbürger.

b

Der Schuft wird sich benehmen wie ein Schuft.

c

Der Ehrenmann wird sich benehmen wie ein Ehrenmann.

d

Der Opernheld wird sich benehmen wie ein Opernheld.

a

Das Stiefkind wird behandelt werden wie ein Stiefkind.

Der Wundertäter wird erwartet werden wie ein Wundertäter.

Das Wundertier wird bestaunt werden wie ein Wundertier.

Der Messias wird ersehnt werden wie der Messias.

Die Melkkuh wird ausgenutzt werden wie eine Melkkuh.

Die Aussätzigen werden gemieden werden wie die Aussätzigen.

Die Hölle wird gehaßt werden wie die Hölle.

Das Leichentuch wird ausgebreitet werden wie ein Leichentuch.

Der tollwütige Hund wird niedergeschossen werden wie ein tollwütiger Hund.

b

Der Schelm wird plappern wie ein Schelm.

Der Papagei wird plappern wie ein Papagei.

Die Kellerasseln werden ans Licht krabbeln wie die Kellerasseln.

Der Schnee im Mai wird vergehen wie der Schnee im Mai.

Das Kind wird sich freuen wie ein Kind.

Das Wunder wird geschehen wie ein Wunder.

Die Wasserleiche wird quellen wie eine Wasserleiche.

Der Donnerschlag wird wirken wie ein Donnerschlag.

cd

Der Fuhrknecht wird fluchen wie ein Fuhrknecht.

Der Frosch wird hüpfen wie ein Frosch.

Der Blitz wird zucken wie ein Blitz.
Der Dieb wird fortschleichen wie ein Dieb.
Der Scheunendrescher wird essen wie ein Scheunendrescher.
Der Schulbub wird sich verstecken wie ein Schulbub.
Der Schlag ins Wasser wird wirken wie ein Schlag ins Wasser.
Der Schlag ins Gesicht wird wirken wie ein Schlag ins Gesicht.
Die Viper wird zustoßen wie eine Viper.
bcd
Die verwundeten Pferde werden sich bäumen wie verwundete Pferde.
Der Haftelmacher wird aufpassen wie ein Haftelmacher.
Der Schloßhund wird heulen wie ein Schloßhund.
Der Jude wird feilschen wie ein Jude.
Der Fisch wird an der Angel zappeln wie ein Fisch an der Angel.
Die offene Wunde wird brennen wie eine offene Wunde.
Die Jungfrau wird sich zieren wie eine Jungfrau.
Der Westmann wird gehen wie ein Westmann.
Der Matrose wird gehen wie ein Matrose.
Der Spanier wird gehen wie ein Spanier.
Gary Cooper wird gehen wie Gary Cooper.
Donald Duck wird gehen wie Donald Duck.
a
Der übergossene Pudel wird stehen wie ein übergossener Pudel.
Der arme Sünder wird stehen wie ein armer Sünder.
Die Kuh wird vor dem neuen Tor stehen wie die Kuh vor dem neuen Tor.
Der Hahn auf dem Mist wird stehen wie der Hahn auf dem Mist.
ab
Der gefällte Baum wird stürzen wie ein gefällter Baum.
Die Berserker werden kämpfen wie die Berserker.
Die Katze wird um den heißen Brei schleichen wie die Katze um den heißen Brei.
Die Hunde werden sich vor dem Gewitter verkriechen wie Hunde vor dem Gewitter.

Der brüllende Löwe wird umhergehen wie ein brüllender Löwe.
Das Lauffeuer wird um sich greifen wie ein Lauffeuer.
abc
Die Hyänen werden heulen wie die Hyänen.
Der Nachtwächter wird gähnen wie ein Nachtwächter.
Die Verschwörer werden munkeln wie Verschwörer.
Das Schilfrohr im Wind wird schwanken wie ein Schilfrohr im Wind.
Der Vogel Strauß wird den Kopf in den Sand stecken wie der Vogel Strauß.
Der Strohschneider wird zittern wie ein Strohschneider.
Die Ratte wird schlafen wie eine Ratte.
Der Hund wird verrecken wie ein Hund.
abcd
Die Faust wird wie die Faust aufs Auge passen.
a
Die Pest wird stinken wie die Pest.
b
Die Rose wird duften wie die Rose.
c
Der Wespenschwarm wird surren wie ein Wespenschwarm.
d
Euer Schatten wird euch folgen wie ein Schatten.
a
Das Grab wird schweigen wie ein Grab.
Das Denkmal wird stehen wie ein Denkmal.
b
Ein Mann wird sich erheben wie ein Mann.
Der Fels wird in der Brandung stehen wie ein Fels in der Brandung.
c
Das Ungewitter wird nahen wie ein Ungewitter.
Die Ameisen werden kribbeln wie Ameisen.
d
Die Sturmflut wird schwellen wie eine Sturmflut.

Die aufgescheuchte Lämmerherde wird auseinanderstieben wie eine aufgescheuchte Lämmerherde.
a
Der Sand wird euch wie Sand durch die Finger rinnen.
b
Im Theater werdet ihr euch vorkommen wie im Theater.
c
Das Ei wird dem anderen gleichen wie ein Ei dem anderen.
abc
Aus einem Mund wird wie aus einem Mund ein Schrei brechen.
d
Die Orgelpfeifen werden stehen wie die Orgelpfeifen.
Die Posaunen des Jüngsten Gerichts werden erschallen wie die Posaunen des Jüngsten Gerichts.
Die Offenbarung wird wirken wie eine Offenbarung.
c
Der Maulwurf wird die Erde aufschütten wie ein Maulwurf.
b
Die Stimme aus einer andern Welt wird ertönen wie aus einer anderen Welt.
a
Die Lawine wird sich wälzen wie eine Lawine.
Die von allen guten Geistern Verlassenen werden sich benehmen wie von allen guten Geistern verlassen.
ab
Der Prophet wird Gesichte wie ein Prophet haben.
Die Engel werden wie mit Engelszungen reden.
Die Motte wird zum Licht schwirren wie die Motte zum Licht.
Das Scheunentor wird sich öffnen wie ein Scheunentor.
abc
Die Schuppen werden wie Schuppen von den Augen fallen.
Die Fremdkörper werden ausgespien werden wie Fremdkörper.
Die Ratten werden das sinkende Schiff verlassen wie die Ratten das sinkende Schiff.
Gott wird vor die Menschen treten wie ein Gott.

ab
Das Murmeltier wird schlafen wie ein Murmeltier.
a
Die Mauer wird stehen wie eine Mauer.
d
Die Ähren des Roggens werden wogen wie Roggenähren.
dc
Die Pilze nach dem Regen werden sprießen wie Pilze nach dem Regen.
dcb
Die Nußschale wird auf dem Wasser schaukeln wie eine Nußschale.
dcba
Die Zugvögel werden ziehen wie die Zugvögel.
Die auf den Wolken gehen, werden wie auf Wolken gehen.
Die aus den Wolken fallen, werden wie aus allen Wolken fallen.
Die im siebenten Himmel werden sich wie im siebenten Himmel fühlen.
d
Der von der Tarantel Gestochene wird aufspringen wie von einer Tarantel gestochen.
ad
Ebbe und Flut werden wechseln wie Ebbe und Flut.
Der Fisch im Wasser wird sich tummeln wie ein Fisch im Wasser.
Wasser und Feuer werden sich vertragen wie Wasser und Feuer.
Der Tag wird sich von der Nacht unterscheiden wie der Tag von der Nacht.
b
Gott wird in Frankreich leben wie Gott in Frankreich.
c
Der Traum wird euch wie ein Traum erscheinen.
b
Die Ewigkeit wird euch wie eine Ewigkeit erscheinen.
abcd
Aber die Fische im Meer werden zahllos sein wie die Fische im Meer.

Aber der Sand am Strand des Meeres wird zahllos sein wie der Sand am Strand des Meeres.
Aber die Sterne am Himmel werden zahllos sein wie die Sterne am Himmel.
Aber die Menschen auf der Erde werden zahllos sein wie die Menschen auf der Erde.

a
Und die Kaninchen werden sich vermehren wie die Kaninchen.
b
Und die Bakterien werden sich vermehren wie die Bakterien.
c
Und die Armen werden sich vermehren wie die Armen.
d
Und ein Mensch wie du und ich wird ein Mensch wie du und ich sein.

a
Das tägliche Brot wird notwendig wie das tägliche Brot sein.
b
Das Blut wird rot wie Blut sein.
c
Der Wind wird schnell wie der Wind sein.
d
Das Gift wird grün wie Gift sein.
a
Der Brei wird zäh wie Brei sein.
b
Der Tor wird sanft wie ein Tor sein.
c
Das Leben wird vielfältig wie das Leben sein.
d
Das Sieb wird löchrig wie ein Sieb sein.
a
Die letzten Dinge werden unsagbar wie die letzten Dinge sein.

b
Die Axtschneide wird scharf wie eine Axtschneide sein.
c
Das All wird unermeßlich wie das All sein.
d
Der Suppenkaspar wird dünn wie ein Suppenkaspar sein.
a
Das Faß wird dick wie ein Faß sein.
b
Der Nigger wird frech wie ein Nigger sein.
c
Der Vater wird dem Sohn wie ein Vater dem Sohn sein.
d
Der Rübenacker wird holprig wie ein Rübenacker sein.
a
Der Papst wird unfehlbar wie der Papst sein.
b
Der Roman wird phantastisch wie ein Roman sein.
c
Der Film wird unwirklich wie ein Film sein.
d
Die Nadel im Heu wird unauffindbar wie eine Nadel im Heu sein.
a
Die Nacht wird lautlos wie die Nacht sein.
b
Die Sünde wird schwarz wie die Sünde sein.
c
Die Seele wird unerschöpflich wie die Seele sein.
d
Die Zisterne wird tief wie eine Zisterne sein.
a
Der Schwamm wird vollgesogen wie ein Schwamm sein.
b
Der Dichter wird weltfremd wie ein Dichter sein.

c
Die andern werden ganz wie die andern sein.
d
Der Tod wird so gewiß wie der Tod sein.
a
Der folgende Tag wird so gewiß wie der folgende Tag sein.
b
Das Amen im Gebet wird so gewiß wie das Amen im Gebet sein.
c
Etwas wird so gewiß sein, wie nur etwas gewiß sein kann.
d
Der Pfau wird stolz wie ein Pfau sein.

abcd
Und die Umgewandelten werden sich wie umgewandelt fühlen.
Und die zu Salzsäulen Erstarrten werden stehen wie zu Salzsäulen erstarrt.
Und die vom Blitz Getroffenen werden fallen wie vom Blitz getroffen.
Und die Gebannten werden lauschen wie gebannt.
Und die Versteinerten werden stehen wie versteinert.
Und die Gerufenen werden kommen wie gerufen.
Und die Gelähmten werden stehen wie gelähmt.
Und die vom Donner Gerührten werden stehen wie vom Donner gerührt.
Und die Schlafenden werden gehen wie im Schlaf.
Und die Bestellten und nicht Abgeholten werden stehen wie bestellt und nicht abgeholt.
Und die Ausgewechselten werden sich fühlen wie ausgewechselt.
Und die Gespiegelten werden sich sehen wie gespiegelt.
Und die Neugeborenen werden sich fühlen wie neugeboren.
Und die Zerschlagenen werden sich fühlen wie zerschlagen.
Und die vom Erdboden Verschluckten werden wie vom Erdboden verschluckt sein.

a

Die Wirklichkeit wird Wirklichkeit werden.

b

Die Wahrheit wird Wahrheit werden.

ab

Das Eis wird zu Eis gefrieren.

abc

Die Berge werden zu Berge stehen.

abcd

Die Täler werden zu Tal stürzen.

abc

Die Nichtigkeiten werden zunichte werden.

ab

Die Asche wird zu Asche brennen.

b

Die Luft wird zu Luft werden.

a

Der Staub wird zu Staub werden.

d

Das Wiesel wird wieselflink sein.

c

Die Feder wird federleicht sein.

    b

    Die Galle wird gallenbitter sein.

        a

        Der Kalk wird kalkweiß sein.

            d

            Die Butter wird butterweich sein.

c

Der Gedanke wird gedankenschnell sein.

    b

    Das Haar wird haarfein sein.

        a

        Das Sterben wird sterbenslangweilig sein.

                d
            Die Toten werden totenblaß sein.
c
Den Sterbenden wird sterbensübel sein.
        b
            Der Rabe wird rabenschwarz sein.
                a
                    Die Bretter werden brettereben sein.
                d
                    Die Haut wird hautdünn sein.
c
Der Finger wird fingerdick sein.
        b
            Die Fäden werden fadenscheinig sein.
                a
                    Der Stein wird steinhart sein.
abcd
Jeder Tag wird ein Tag sein wie jeder andere.

INSULTO AO PÚBLICO

PUBLIKUMSBESCHIMPFUNG

Em Busca de uma Nova Convenção Estética

A peça *Insulto ao Público* foi publicada em 1966 e das quatro "Peças Faladas" é a mais extensa, sendo, ainda hoje, a mais encenada. É sempre muito lembrada por estudiosos quando se trata de falar sobre as experimentações e inovações teatrais da década de 1960, principalmente no que se refere à metalinguagem, metateatro e interpelação direta ao público.

O autor, na dedicatória, além de incluir nomes de atores, diretores de teatro e dramaturgos germânicos da sua geração, também cita John Lennon – músico da banda inglesa Beatles que ganhava o mundo naquele momento.

Na didascália que ocupa várias páginas, Peter Handke indica que a peça é para "quatro oradores" – sem mencionar se homens ou mulheres e sem especificar o que cada um deve falar.

É nas instruções de *Insulto ao Público* que o autor usa pela primeira e única vez no âmbito das suas "Peças Faladas" a palavra *Schauspieler* – ator. Ele vinha empregando em seu lugar a palavra *Sprecher*, que pode ser traduzida como orador, falador, aquele que fala. Por esse procedimento se confirma a intenção do autor em evitar o teatro dramático, pois quando se tem no lugar do ator o orador, a possibilidade da identificação é anulada de antemão. O orador fala o texto e não "vive" o texto.

Handke emprega dois verbos sugestivos *anhören* (escutar) e *ansehen* (olhar, observar, assistir, contemplar, considerar) nas suas instruções para os atores. Por meio da enumeração de uma série de procedimentos, ele também sugere os mais variados sons e imagens que podem despertar e chamar a atenção dos oradores para outras possibilidades de enunciação dos textos pela orquestração das suas falas sem que isso desvie a atenção do que é dito. Por exemplo: escutar/olhar:

>as ladainhas nas igrejas católicas;
>o vai e vem dos trens;
>o público de uma partida de futebol;

os tradutores simultâneos das Nações Unidas;
a cara de Gary Cooper no filme "O homem que veio do oeste";
no zoológico, os macacos que imitam os homens e os homens que cospem.

Quando ele descreve a ambientação da sala – palco e plateia – as suas indicações são tão precisas e cheias de detalhes que mais parecem anotações contidas num caderno de encenação. Essa riqueza de detalhes e indicações faz parte de uma proposta de convenção teatral, devendo ser levada em consideração para a compreensão da proposta do autor, que tem como tema central a relação enunciação/recepção do evento teatral.

Nesse texto, o autor também apresenta um preâmbulo com a indicação de que os espectadores, ao entrarem na plateia, devem ouvir ruídos e sons que os levem a pensar que estão prestes a assistir a uma apresentação tradicional, ouvindo inclusive os clássicos três sinais antes do início da peça.

A peça é composta de 67 parágrafos de tamanhos diversos onde, por meio de uma "anti-história" ou "antifábula", se refuta o modelo tradicional de teatro. A apresentação do texto impresso, também com uma diagramação muito particular, em nada remete a modelos tradicionais de textos dramáticos. Como se fosse uma sinfonia, esse texto pode ter a sua estrutura dividida em três partes:

PARTE I: O PRÓLOGO.
Aqui, tem-se a exposição do tema, ou seja, do que a peça irá tratar. Os espectadores são informados de que eles não ouvirão e nem verão nada do que eles estão acostumados a ouvir e ver quando vão ao teatro.

Parte II: Desenvolvimento.
É a maior das três partes e apresenta o desenvolvimento do tema e de vários subtemas relacionados tanto com o fazer teatral como com o comportamento do espectador. Ao buscar "revelar" o evento teatral, Handke refuta qualquer ilusão e vai pouco a

pouco combatendo as formas mais tradicionais das convenções teatrais. O autor então propõe um novo ponto de vista que exige de todos os participantes uma nova postura e atitude diante desse fenômeno teatral.

Entre as várias regras que o texto questiona está a regra clássica das três unidades de Aristóteles: espaço, ação e tempo.

O *espaço* em *Insulto ao Público* amplia-se e já não há mais a quarta parede – obstáculo virtual de separação de palco e plateia. Aqui, toda a sala de teatro (palco e plateia) é tida como um único espaço, onde se encontram os que falam e os que ouvem, e assim deve ter uma iluminação constante e uniforme.

A *ação* é a palavra, o verbo, não havendo a necessidade de ações físicas, movimentações, deslocamentos ou gesticulações por parte daqueles que falam.

O *tempo* que se apresenta é o mesmo compartilhado pelo espectador. Sobre o conceito de tempo compartilhado, Hans-Thies Lehmann assim se manifesta:

O novo conceito do tempo compartilhado, considera então o tempo estruturado esteticamente e o tempo do real vivido como um único bolo repartido entre atores e espectadores. A ideia do tempo como experiência comumente compartilhada por todos constitui o centro das novas dramaturgias do tempo. […] A estética pós-dramática do tempo real não procura mais a ilusão, mas isto quer dizer agora que o processo cênico não pode ser separado do tempo vivido pelo público.[1]

PARTE III: CONCLUSÃO.

Concretiza-se então o que já se enunciava no título da peça: o público é informado que ele será insultado e que não deve se preocupar, visto que quando veio ao teatro já sabia que isso ocorreria. O público então passa a ser insultado e ao final é informado de que foi bem-vindo, recebendo os agradecimentos dos oradores que desejam "boa noite" a todos.

---

1   *Le Théâtre postdramatique*, p. 252-253.

Da mesma forma que Robbe-Grillet fez com seus leitores, Handke também buscou com seus textos fazer com que o espectador se descondicionasse, se libertando de regras seculares para se aproximar com "olhos abertos" da arte do seu tempo. Como salienta Hans-Thies Lehmann:

> De uma certa maneira, um texto como *Insulto ao Público* – na medida em que retoma por tema, ex-negativo, todos os critérios do teatro dramático ancorado nesta tradição, permanece "metadrama ou metateatro" [...]. Ao mesmo tempo, aponta o dedo para o futuro do teatro após o drama.[2]

O teatro, ao falar de si mesmo sem entraves e bloqueios, pode caminhar e apontar outras possibilidades de teatro diferentes daquelas de então. Na sua aversão pelo teatro convencional, ele questiona o evento teatral pondo o espectador dentro da encenação, sem que isso signifique a sua participação física e ativa. Ao abolir o plano da ilusão o espectador se descobre – através do teatro – em meio à própria realidade. Ao ampliar o espaço do teatro por meio da iluminação – sem a separação palco/plateia – e ao estabelecer o tempo real como o tempo do evento teatral, Peter Handke delega à palavra toda a força da ação.

[2] Ibidem, p. 83.

*Para
Karlheinz Braun, Claus Peymann,
Basch Peymann, Wolfgang Wiens,
Peter Steinbach, Michael Gruner,
Ulrich Hass, Claus Dieter Reents,
Rüdiger Vogler, John Lennon.*

Quatro oradores.

Instruções para os atores

Escutar as ladainhas nas igrejas católicas.
Escutar as exortações e as invectivas do público durante uma partida de futebol.
Escutar o coro da multidão nas manifestações.
Girar uma roda de bicicleta livremente e seguir o ruído dos raios desde o seu ponto de ligadura e observar o afrouxamento do movimento desde o mediano da roda.
Escutar a partida e a parada do motor de uma betoneira.
Escutar as intervenções de auditório durante um debate.
Escutar "Tell me" com os Rolling Stones.
Escutar o vai e vem dos trens numa estação.
Escutar o hit-parade da rádio Luxemburgo.
Escutar os tradutores simultâneos das Nações Unidas.
Escutar o diálogo do chefe da gangue (Lee J. Cobb) com a bela no filme *A Queda de Tulla*, diálogo no qual a bela pergunta ao chefe da gangue quantos homens ele calcula abater e o chefe da gangue responde, voltando-se para trás: "Quantos ainda restam?" Observar o chefe da gangue nesse momento.
Assistir aos filmes dos Beatles.
No primeiro filme dos Beatles, observar a cara de Ringo Starr que sorri no momento em que, depois de ter sido importunado pelos outros, vai até a bateria, senta-se e começa a tocar o tambor.
Observar a cara de Gary Cooper no filme *O Homem Que Veio do Oeste*.
No mesmo filme, observar a morte do mudo que, com uma bala no corpo, atravessa toda a cidade deserta, titubeando e saltitante, e lança um grito dilacerante.
Observar, no zoológico, os macacos que imitam os homens e as lhamas que cospem.
Observar o comportamento dos desocupados e dos malandros que flanam pelas ruas e jogam nas máquinas automáticas.

Entrando na sala, os espectadores encontrarão o ambiente habitual que precede ao início de um espetáculo. Nos bastidores, poder-se-ia simular uma agitação ou um tráfego ruidoso que seria ouvido na sala. Por exemplo, arrastar uma mesa de uma ponta à outra do palco, puxar cadeiras da esquerda à direita. Isso precisaria ser feito de tal sorte que os espectadores das primeiras filas pudessem ouvir as instruções dadas em voz baixa pelos diretores e a conversa dos maquinistas, atrás da cortina. Para esse efeito, é possível usar uma gravação realizada quando da construção dos cenários de uma outra peça. Esses ruídos seriam ampliados no gravador. É preciso organizar os ruídos, a fim de chegar a uma organização, às normas. O ambiente da sala seria objeto de cuidados especiais. As funcionárias do teatro fariam um esforço todo especial e seriam muito corteses no cumprimento de suas funções; elas reduziriam, se possível, seus murmúrios habituais e, de maneira geral, melhorariam suas maneiras. Esse requinte deve se estender a todos. Os programas terão uma elegância especial. Não se pode esquecer o sinal prolongado que anuncia o início do espetáculo. Precisaria ser intermitente, em espaços aproximados. A luz deveria se apagar progressivamente e tão tardiamente quanto possível. Seria aconselhável diminuir gradualmente. Os gestos das funcionárias do teatro que fecharão as portas serão marcados por uma gravidade toda especial. Entretanto, não é preciso que isso seja interpretado como um gesto simbólico. A entrada será proibida aos retardatários. Os espectadores, cujo vestuário não estaria adequado, não teriam acesso à sala. Essa noção de vestuário é para ser interpretada, bem entendido, no seu sentido mais amplo. Não se deveria chamar a atenção e menos ainda chocar pela sua maneira de estar vestido. Os homens usarão um terno escuro, uma camisa branca e uma gravata pouco vistosa. As senhoras evitarão – se possível – as cores berrantes. Não terá espaço para ficar em pé. Uma vez as portas fechadas e a luz apagada, o silêncio igualmente se restabelecerá atrás da cortina. Um mesmo silêncio reinará sobre o palco e na sala. Os olhares dos espectadores se fixam durante um momento sobre a cortina que mexe quase que imperceptivelmente. A cortina é ainda agitada rapidamente por um objeto deslizante ao longo de todo o veludo. Depois a cortina se imobiliza. Um pouco de tempo se passa. A cortina se eleva lentamente. Enquanto o palco é aberto, os quatro oradores saem do fundo e se dirigem para a ribalta. Eles não encontram nenhum obstáculo, o palco está vazio. A maneira de eles andarem não tem nada de especial, e eles vestem roupas quaisquer. Enquanto se aproximam dos espectadores, a luz sobe no palco e na sala. A iluminação é a mesma, em ambas as partes. A luz não é ofuscante. É a iluminação normal de um fim de espetáculo. Essa iluminação permanecerá idêntica durante toda a peça, tanto na sala como no palco. Enquanto se dirigem ao proscênio, os oradores não olham para o público. Mesmo andando eles continuam falando. Suas palavras não se destinam aos ouvintes. Para os oradores, o público não chegou ainda. Mesmo andando movimentam os lábios. Pouco a pouco, as palavras tornam-se perceptíveis e, enfim, eles se expressam em alta voz. Os insultos que proferem se cruzam. Eles falam todos ao mesmo tempo. Arrancam um do outro as palavras. Um diz o que outro está a ponto de dizer. Eles falam todos juntos. Todos dizem ao mesmo tempo palavras diferentes e repetem essas palavras. Elevam a voz. Gritam. Fazem uma troca de réplicas. Finalmente, param todos na mesma palavra. Eles a repetem em coro. Eis aqui o que dizem (não é preciso respeitar a ordem!): "Seus caretas, suas marionetes, seus olhos esbugalhados, seus lamentadores, seus caras desagradáveis, seus ridículos, seus embasbacados." É preciso estar atento para conservar uma certa unidade na elocução. Não é preciso colocar intenções nas palavras. Os insultos não são endereçados a ninguém. Não é preciso atribuir significados à maneira de falar. Os oradores chegam ao proscênio antes de ter terminado seus exercícios de insultos. Se colocam em formação de maneira muito descontraída. Eles não estão totalmente imobilizados, mas se movem segundo ao gosto das palavras que pronunciam.

Eles dirigem seus olhares ao público, mas sem parar sobre um espectador em especial. Os oradores se calam durante um curto momento. Se concentram. Depois, começam a falar. A ordem na qual falam é deixada a suas próprias escolhas. Eles têm que preencher um papel quase que igual.

Sejam bem-vindos.

Esta peça é um prólogo.

Vocês não ouvirão nada que não tenham ouvido aqui antes.
Vocês não verão nada que não tenham visto aqui antes.
Vocês não verão nada do que sempre tem sido visto aqui.
Vocês não ouvirão nada do que sempre tem sido ouvido aqui.

Vocês ouvirão o que vocês habitualmente veem.
Vocês ouvirão o que vocês habitualmente não veem.
Vocês não verão nenhum espetáculo.
Suas curiosidades não serão satisfeitas.
Vocês não verão nenhuma peça.
Não haverá aqui nenhuma representação.
Vocês verão um espetáculo sem cenas.

Vocês esperavam alguma coisa.
Vocês esperavam, talvez, alguma outra coisa.
Vocês esperavam uma bela história.
Vocês não esperavam nem mesmo uma história.
Vocês esperavam uma certa atmosfera.
Vocês esperavam um mundo diferente.
Vocês não esperavam nenhum mundo diferente.
Seja como for, vocês esperavam alguma coisa.
Talvez seja o caso que vocês esperavam o que vocês estão ouvindo agora.

Mas mesmo nesse caso vocês esperavam alguma coisa diferente. Vocês estão sentados em fila. Vocês formam um padrão. Vocês estão sentados numa certa ordem. Vocês olham numa certa direção. Vocês estão sentados equidistantes um do outro. Vocês são uma plateia. Vocês formam uma unidade perfeita. Vocês são ouvintes e espectadores num auditório. Seus pensamentos são livres. Vocês podem, ainda, tomar uma decisão. Vocês nos veem falando e nos ouvem falando. Vocês estão começando a respirar num mesmo ritmo. Vocês estão começando a respirar num mesmo ritmo no qual nós estamos falando. Vocês estão respirando da mesma maneira que nós estamos falando. Nós e vocês, pouco a pouco, formamos uma unidade.

Vocês não pensam nada. Vocês não pensam em nada. Nós pensamos por vocês. Vocês não aceitam que nós pensemos por vocês. Vocês se sentem desinibidos. Seus pensamentos são livres. Mesmo quando dizemos que nós nos introduzimos dentro dos seus pensamentos. Vocês têm ideias na cabeça. Mesmo quando dizemos que nós nos introduzimos dentro das suas ideias na cabeça. Vocês estão se antecipando. Vocês estão ouvindo. Seus pensamentos estão seguindo o exemplo dos nossos pensamentos. Seus pensamentos não estão seguindo o exemplo dos nossos pensamentos. Vocês não estão pensando. Seus pensamentos não são livres. Vocês se sentem inibidos.

Vocês estão olhando para nós quando falamos com vocês. Vocês não estão nos assistindo. Vocês estão nos olhando. Vocês estão sendo observados. Vocês estão desprotegidos. Vocês não têm mais a vantagem da proteção da escuridão. Nós não temos mais a desvantagem de olhar através da luz ofuscante no escuro. Vocês não estão assistindo. Vocês estão olhando e estão sendo olhados. Desta maneira, nós e vocês, pouco a pouco, formamos uma unidade. De uma certa maneira, em vez de dizermos vocês podemos dizer nós. Nós estamos sob o mesmo teto. Nós somos uma sociedade fechada.

Vocês não estão nos ouvindo. Vocês prestam atenção em nós. Vocês não mais espreitam através de uma parede. Nós estamos falando diretamente com vocês. Nossas palavras não mais se dirigem aos seus olhares. Suas olhadelas não mais remendam nosso diálogo. Nossas palavras e suas olhadelas não mais formam um ponto de vista. Vocês não são negligenciados. Vocês não são tratados como simples perguntadores enfadonhos. Vocês não necessitam ter uma opinião sob a perspectiva de um sapo olhando um pássaro, sobre algo que aconteça aqui. Vocês não precisam ser os juízes da peça. Vocês não são mais tratados como espectadores, a quem nós podemos falar apartes. Isto não é uma peça. Não existem apartes aqui. Nada do que acontece aqui é planejado como um apelo a vocês. Isto não é uma peça. Nós não aceleramos a peça para endereçá-la a vocês. Nós não temos necessidade de ilusões para desiludi-los. Nós não mostramos nada para vocês. Nós não estamos representando destinos. Nós não estamos representando sonhos. Isto não é uma reportagem. Isto não é um documentário. Isto não é uma fatia da vida. Nós não vamos contar para vocês uma história. Nós não representamos quaisquer ações. Nós não simulamos quaisquer ações. Nós não representamos nada. Nós não impomos nada a vocês. Nós apenas falamos. Nós representamos dirigindo-nos a vocês. Quando dizemos nós, podíamos também dizer vocês. Nós não estamos executando suas situações. Vocês não podem reconhecer vocês mesmos em nós. Nós não estamos representando nenhuma situação. Vocês não precisam sentir o que nós significamos para vocês. Vocês não podem sentir o que nós significamos para vocês. Nenhum espelho está sendo mostrado para vocês. Nós não somos importantes para vocês. Nós estamos nos dirigindo a vocês. Vocês estão sendo direcionados. Vocês serão direcionados. Vocês ficarão aborrecidos se vocês não quiserem ser direcionados.

Vocês não estão compartilhando nenhuma experiência. Vocês não estão compartilhando. Vocês não estão dando as cartas. Aqui vocês não estão experimentando nenhuma intriga. Vocês não estão experimentando nada. Vocês não estão imaginando nada. Vocês não têm que imaginar nada. Vocês não precisam de pré-requisitos. Vocês não precisam saber que isto é um palco. Vocês não precisam de expectativas. Vocês não precisam se inclinar para trás esperançosamente. Vocês não precisam saber que isto é apenas uma representação. Nós não criamos histórias. Vocês não estão seguindo um acontecimento. Vocês não estão representando. Aqui nós representamos com vocês. Simples jogo de palavras.

O que é do teatro não é restituído ao teatro aqui. Aqui vocês não recebem seus direitos. Suas curiosidades não são satisfeitas. Nenhuma faísca será lançada por nós para vocês. Vocês não serão eletrificados. Estas bordas do palco não representam um mundo. Elas são parte do mundo. Estas bordas existem para nos basearmos em alguma coisa. Este mundo não é diferente dos seus. Vocês não são mais espectadores. Vocês são o assunto. O foco está em vocês. Vocês estão no fogo cruzado de nossas palavras.

Isto não é miragem. Vocês não veem paredes que tremem. Vocês não ouvem os sons espúrios de portas fechando com estalos. Vocês não ouvem sofás rangendo. Vocês não veem aparições. Vocês não têm visões. Vocês não veem cena de alguma coisa. Nem vocês veem a sugestão de uma cena. Vocês também não veem quebra-cabeça de cenas. Vocês também não veem uma cena vazia. O vazio deste palco não é a cena de outro vazio. O vazio deste palco não significa nada. Este palco está vazio porque objetos estariam no nosso caminho. Ele está vazio porque nós não precisamos de objetos. Este palco não representa nada. Ele não representa outro vazio. Este palco está vazio. Vocês não veem quaisquer objetos que aparentam ser outros objetos. Vocês não veem uma escuridão que aparenta ser outra escuridão. Vocês não veem uma claridade que aparenta ser outra claridade. Vocês não veem uma luz que aparenta ser outra luz. Vocês não ouvem um ruído que aparenta ser outro ruído. Vocês não veem um espaço que aparenta ser outro espaço. Aqui vocês não experimentarão um tempo que aparenta ser outro tempo. O tempo no palco não é diferente do tempo fora do palco. Aqui nossa hora local é a mesma. Nós estamos no mesmo lugar. Nós estamos respirando o mesmo ar. Nós estamos no mesmo espaço.

Aqui não é um outro mundo. A ribalta não é uma fronteira, Algumas vezes ela não é apenas uma fronteira. Todo o tempo, enquanto falamos com vocês, ela não é uma fronteira. Não há aqui um círculo invisível. Não há um círculo mágico. Aqui não há espaço para o teatro. Nós não estamos representando. Nós estamos no mesmo espaço. A linha de demarcação não foi atravessada, ela não é penetrável, ela não existe mesmo. Não há um cinturão de radiação entre vocês e nós. Nós não somos adereços que se colocam sozinhos. Nós não somos representações. Nós não somos aqueles que representam. Nós não representamos nada. Nós não demonstramos nada. Nós não temos pseudônimos. Nossas batidas de coração não aparentam ser batidas de outro coração. Nossos gritos horripilantes não aparentam ser gritos horripilantes de outrem. Nós não deixamos os nossos papéis. Nós não temos papéis. Nós somos nós mesmos. Nós somos os porta-vozes do autor. Vocês não podem fazer uma imagem de nós. Vocês não precisam fazer uma imagem de nós. Nós somos nós mesmos. Nossa opinião e a opinião do autor não são necessariamente a mesma.

A luz que nos ilumina não significa nada. Nem os figurinos que nós usamos significam algo. Eles não indicam nada, de qualquer forma, eles não são incomuns, eles não significam nada em particular. Eles não significam nem uma outra época, nem outro clima, nem outra estação, nem outro grau de latitude, nem outra razão para usá-los. Eles não têm função. Nem nossos movimentos têm uma função, isto é, para significar alguma coisa para vocês. Isto não é o teatro do mundo.

Nós não somos artistas farsescos. Não há objetos aqui que nos façam tropeçar sobre eles. Objetos traiçoeiros não estão no programa. Objetos traiçoeiros não são estraga-prazeres porque nós não brincamos com eles. Os objetos não pretendem ser como uma brincadeira traiçoeira, eles são traiçoeiros. Se nos acontecer de tropeçar, nós tropeçamos involuntariamente. Involuntário como são os enganos ao vestir; involuntários também são, talvez, nossas ridículas fisionomias. Lapsos de memórias, os quais divertem vocês, não estão planejados. Se nós gaguejarmos, nós gaguejaremos sem nada significar. Nós não podemos deixar cair um lenço como parte da peça. Nós não estamos representando. Nós não podemos fazer com que a traição dos objetos seja parte da peça. Nós não podemos camuflar a traição dos objetos. Nós não podemos ter dois pensamentos. Nós não podemos ter vários pensamentos. Nós não somos palhaços. Nós não estamos numa arena. Vocês não têm o prazer de circundar-nos. Vocês não estão se divertindo por meio da comédia de ver os nossos traseiros. Vocês não estão se divertindo por meio da comédia dos objetos traiçoeiros. Vocês estão se divertindo por meio da comédia das palavras.

Aqui as possibilidades do teatro não são exploradas. O reino das possibilidades não é esgotado. O teatro não é ilimitado. O teatro é limitado. Aqui o destino tem significado irônico. Nós não somos teatrais. Nossa comédia não é irresistível. Suas gargalhadas não podem ser libertadoras. Nós não somos brincalhões. Nós não estamos interpretando um mundo para vocês. Isto não é a metade de um mundo. Nós e vocês não constituímos dois mundos.

Vocês são o assunto. Vocês são o centro de interesse. Aqui ações não são representadas, vocês estão sendo representados. Isto não é um jogo de palavras. Aqui vocês não são tratados como indivíduos. Aqui vocês não se tornam indivíduos. Vocês não têm traços individuais. Vocês não têm fisionomias distintas. Aqui vocês não são indivíduos. Vocês não têm características. Vocês não têm destino. Vocês não têm história. Vocês não têm passado. Vocês não estão na lista de procurados. Vocês não têm experiência de vida. Aqui vocês têm a experiência do teatro. Vocês têm aquele algo mais. Vocês são espectadores. Vocês não são interessantes por causa das suas capacidades. Vocês não são interessantes somente por causa das suas capacidades como espectadores. Aqui como espectadores vocês formam um padrão. Vocês não são personalidades. Vocês não são singulares. Vocês são uma pluralidade de pessoas. Suas faces apontam numa direção. Vocês são direcionados. Seus ouvidos ouvem o mesmo. Vocês são um acontecimento. Vocês são o acontecimento.

Nós temos os olhos fixos em vocês. Mas vocês não formam um quadro. Vocês não são simbólicos. Vocês são um ornamento. Vocês são um modelo. Vocês têm traços que todos aqui têm. Vocês têm traços gerais. Vocês são uma espécie. Vocês formam um modelo. Vocês estão e vocês não estão fazendo a mesma coisa: vocês estão olhando numa direção. Vocês não se levantam e olham em direções diferentes. Vocês são um modelo padrão e vocês têm um modelo como um padrão. Vocês têm um padrão com o qual vocês vieram ao teatro. Vocês têm a ideia padrão que onde nós estamos é em cima e onde vocês estão é embaixo. Vocês têm a ideia padrão de dois mundos. Vocês têm a ideia padrão do mundo do teatro.

Vocês não precisam desse padrão agora. Vocês não estão assistindo a uma peça de teatro. Vocês não estão assistindo. Vocês são o ponto focal. Vocês estão no fogo cruzado. Vocês estão sendo inflamados. Vocês podem pegar fogo. Vocês não precisam de um padrão. Vocês são o padrão. Vocês têm de ser descobertos. Vocês são a descoberta da noite. Vocês nos inflamam. Nossas palavras pegam fogo no contato com vocês. De vocês uma faísca lança-se sobre nós.

Esta sala não faz de conta que ela seja uma sala. O lado que está aberto para vocês não é a quarta parede de uma casa. O mundo não tem que ser cortado e aberto aqui. Vocês não veem portas aqui. Vocês não veem as duas portas de velhos dramas. Vocês não veem a porta de saída por onde escapa aquele que não pode ser visto. Vocês não veem a porta de entrada pela qual avança aquele que quer ver aquele que não quer ser visto. Não há porta de saída. Nem há uma porta inexistente no drama moderno. A inexistência da porta não representa a porta inexistente. Este não é outro mundo. Nós não estamos fingindo que vocês não existem. Vocês não são o ar para nós. Vocês são de crucial importância para nós porque vocês existem. Nós estamos falando com vocês porque vocês existem. Se vocês não existissem nós falaríamos para o vazio. Suas existências não são simplesmente admitidas como certas. Vocês não são tacitamente pressupostos a espreitar atrás da parede. Vocês não olham através de uma fechadura. Nós não fingimos que nós estamos sós no mundo. Nós não nos explicamos para nós mesmos somente a fim de colocá-los a par de. Nós não estamos conduzindo uma exibição pública apenas para benefício de seus esclarecimentos. Nós não precisamos de artifícios para esclarecer vocês. Nós não precisamos de trapaças. Nós não temos de ser teatralmente efetivos. Nós não temos entradas, nós não temos saídas, nós não conversamos com vocês à parte. Nós não estamos colocando nada acima de vocês. Nós não estamos prestes a entrar num diálogo. Nós não estamos num diálogo. Também não estamos num diálogo com vocês. Nós não desejamos entrar num diálogo com vocês. Vocês não estão em conluio conosco. Vocês não são testemunhas de um acontecimento. Nós não estamos insultando vocês. Vocês não têm mais que ser apáticos. Vocês não têm mais que assistir inativamente. Aqui ações não ocorrem. Vocês sentem o desconforto de serem assistidos e a quem nos dirigimos, uma vez que vocês vieram preparados para assistir e sentirem-se confortáveis e protegidos pela escuridão. Suas presenças são a cada momento explicitamente admitidas por meio de cada uma de nossas palavras. Suas presenças são o assunto com o qual lidamos de uma respiração à próxima, de um momento ao próximo, de uma palavra à próxima. Suas ideias padrão de teatro não são mais pressupostas como a base de nossas ações. Vocês não estão condenados a assistirem nem livres para assistir. Vocês são o assunto. Vocês são os fazedores do jogo. Vocês são os antagonistas. Vocês estão sendo visados. Vocês são os alvos de nossas palavras. Vocês servem como alvos. Esta é uma metáfora. Vocês servem como alvo de nossas metáforas. Vocês servem como metáforas.

Aqui, dos dois polos, vocês são o polo em repouso. Vocês estão num estado de apreensão. Vocês se encontram num estado de expectativa. Vocês não são sujeitos. Aqui vocês são objetos. Vocês são os objetos de nossas palavras. Entretanto, vocês são também sujeitos.

Aqui não há pausas. As pausas entre palavras carecem de significado. Aqui a palavra não dita carece de significado. Aqui não há palavras não ditas. O silêncio não diz nada. Não há silêncio ensurdecedor. Não há tranquilidade mortal. Aqui a fala não é usada para criar silêncio. Esta peça não inclui orientações que nos digam para fazer silêncio. Nós não fazemos pausas artificiais. Nossas pausas são pausas naturais. Nossas pausas não são eloquentes como o silêncio. Nós não dizemos nada com nosso silêncio. Nenhum abismo abre-se entre palavras. Vocês não podem ler nada entre nossas falas. Vocês não podem ler nada em nossas faces. Nossos gestos não expressam nada como consequência de algo. O que é inexpressivo não é dito aqui através de silêncio. Aqui olhares e movimentos não são eloquentes. Aqui fazer silêncio e ser silencioso não é artifício. Aqui não há letras mudas. Há somente o h mudo. Isto é um jogo de palavras.

Agora vocês se decidiram. Vocês reconhecem que nós negamos algo. Vocês reconhecem que nós nos repetimos. Vocês reconhecem que nós nos contradizemos. Vocês reconhecem que esta peça conduz uma discussão com o teatro. Vocês reconhecem a estrutura dialética da peça. Vocês reconhecem um certo espírito de subversão. A intenção da peça torna-se clara para vocês. Vocês reconhecem o que a princípio nós negamos. Vocês reconhecem que nós nos repetimos. Vocês reconhecem.

Vocês percebem. Vocês não se decidiram. Vocês não tinham percebido a estrutura dialética da peça. Agora vocês estão percebendo. Seus pensamentos estavam muito lentos. Agora vocês têm pensamentos nas suas mentes.

Vocês parecem fascinantes. Vocês parecem encantadores. Vocês parecem deslumbrantes. Vocês parecem excitantes. Vocês parecem únicos.

Mas vocês não fazem força. Vocês não são uma ideia brilhante. Vocês são cansativos. Vocês não são um assunto agradável. Vocês são um erro dramatúrgico. Vocês não são verdadeiros como a vida. Vocês não são teatralmente eficazes. Vocês não nos levam a um outro mundo. Vocês não nos encantam. Vocês não nos deslumbram. Vocês não nos divertem fabulosamente. Vocês não são engraçados. Vocês não são animados. Vocês não têm truques nas suas mangas. Vocês não têm o dom para o teatro. Vocês não têm nada para dizer. Vocês não são convincentes. Vocês não estão nem aí. Vocês não nos ajudam a passar o tempo. Vocês não chegam a nos interessar. Vocês nos chateiam.

Isto não é drama. Nenhuma ação que tenha ocorrido em outra parte é aqui encenada novamente. Aqui há apenas o agora, o agora e o agora. Isto não é um faz de conta no qual encena-se novamente uma ação que de fato já ocorreu uma vez. Aqui o tempo não desempenha nenhum papel. Nós nos recusamos a representar uma ação. Portanto, nós recusamos a ideia de tempo. Aqui o tempo é real. Ele expira de uma palavra à outra. Aqui o tempo voa nas palavras. Aqui nós negamos o fato de que o tempo possa ser repetido. Aqui nenhuma peça pode ser reproduzida e encenada ao mesmo tempo como já foi uma outra vez. Aqui o tempo é o tempo de vocês. Aqui a nossa medida de tempo é a medida do seu tempo. Aqui vocês podem comparar seu tempo com o nosso tempo. Tempo não é armadilha. Isto não é faz de conta. Não se supõe, aqui, que o tempo possa ser repetido. Aqui o cordão umbilical que conecta vocês com seus tempos não é rompido. Aqui o tempo não está em jogo. Aqui nós estamos de acordo com o tempo. Admite-se aqui que o tempo expira de uma palavra à próxima. Aqui admite-se que este é O seu tempo. Aqui vocês podem conferir o tempo nos seus relógios. Aqui nenhum outro tempo governa. O tempo que governa aqui é medido em oposição a sua respiração. Aqui o tempo adapta-se aos seus desejos. Nós medimos o tempo através das suas respirações, pelo pestanejar de seus cílios, pelas suas pulsações, pelo crescimento de suas células. Aqui o tempo expira de um momento ao outro. O tempo é medido sobre vocês. O tempo passa pelos seus estômagos. Aqui o tempo não é reproduzido como num faz de conta de uma representação teatral. Isto não é uma representação: vocês não têm que imaginar nada. Aqui o tempo não é armadilha. Aqui o tempo não é interrompido pelo mundo exterior. Aqui não há dois níveis de tempo. Aqui não há dois mundos. Enquanto nós estamos aqui, a terra continua a girar. Aqui nosso tempo é o mesmo de vocês aí. Ele expira de uma palavra à próxima. Ele expira enquanto nós, nós e vocês, estamos respirando, enquanto nossos cabelos estão crescendo, enquanto transpiramos, enquanto cheiramos, enquanto ouvimos. O tempo não é reproduzido mesmo se repetimos nossas palavras, mesmo se mencionamos novamente que nosso tempo é o tempo de vocês, que ele expira de uma palavra à próxima, enquanto nós, nós e vocês, respiramos, enquanto nossos cabelos estão crescendo, enquanto transpiramos, enquanto cheiramos, enquanto ouvimos. Nós não podemos repetir nada, o tempo está expirando. Ele não pode ser repetido. Cada momento é histórico. Cada um de seus momentos são momentos históricos. Nós não podemos dizer nossas palavras duas vezes. Isto não é um faz de contas. Nós não podemos fazer a mesma coisa outra vez. Nós não podemos repetir os mesmos movimentos. Nós não podemos falar do mesmo jeito. O tempo escorre por nossos lábios. O tempo não pode ser repetido. O tempo não é armadilha. Isto não é um faz de contas. O passado não é representado contemporaneamente. O passado está morto e enterrado. Não precisamos de marionetes para dançar a valsa de um tempo morto. Nós não somos um teatro de marionetes. Isto não é um absurdo. Isto não é uma peça. Isto não tem sentido. Vocês reconhecem a contradição. O tempo aqui serve como um jogo de palavras.

Isto não é uma manobra. Isto não é um exercício de emergência. Aqui ninguém tem que representar um morto. Ninguém tem que fingir que ele está vivo. Aqui nada é pressuposto. O número de indultados não é determinado. O resultado não é predeterminado no papel. Aqui não há resultado. Aqui ninguém tem que se apresentar. Nós não representamos exceto o que nós somos. Nós não nos representamos num outro estado que não seja aquele em que nós estamos agora e aqui. Isto não é uma manobra. Nós não nos representamos em diferentes situações. Nós não estamos pensando sobre a emergência. Nós não temos que representar nossa morte. Nós não temos que representar nossa vida. Nós não queremos profetizar nada. Nós não pretendemos ler o futuro em nossa peça. Nós não representamos outro tempo. Nós não representamos uma emergência. Nós estamos falando enquanto o tempo expira. Nós falamos da expiração do tempo. Nós não estamos fazendo como se. Nós não estamos fazendo como se nós pudéssemos repetir o tempo ou como se nós pudéssemos antecipar o tempo. Isto não é um faz de conta nem uma manobra. Por um lado nós fazemos parecer. Nós fazemos como se nós pudéssemos repetir palavras. Nós aparecemos para repetir nós mesmos. Aqui é o mundo das aparências. Aqui aparência é aparência. Aparência é aqui aparência.

Vocês representam alguma coisa. Vocês são alguém. Aqui vocês são alguma coisa. Aqui vocês não são alguém, mas alguma coisa. Vocês são uma sociedade que representa uma ordem. Vocês são uma sociedade teatral de vários tipos. Vocês são uma ordem devido o tipo de roupa, a posição de seus corpos, a direção de seus olhares. A cor de suas roupas não combina com a cor das suas poltronas. Vocês também formam uma ordem com as suas poltronas. Vocês estão a rigor. Com suas roupas vocês obedecem a uma ordem. Vocês estão formais. Vestindo-se a rigor vocês demonstram que vocês estão fazendo algo que vocês não fazem todos os dias. Vocês estão usando uma máscara a fim de participarem de uma mascarada. Vocês participam. Vocês assistem. Vocês olham fixamente. Assistindo vocês se tornam rígidos. A disposição das poltronas favorece este desenvolvimento. Vocês são alguma coisa que assiste. Vocês precisam de espaço para seus olhos. Se a cortina está fechada vocês, pouco a pouco, se tornam claustrofóbicos. Vocês não têm ponto de vantagem. Vocês se sentem cercados. Vocês se sentem inibidos. O abrir da cortina apenas alivia suas claustrofobias. Assim, isto alivia vocês. Vocês podem assistir. Suas vistas estão desobstruídas. Vocês tornam-se desinibidos. Vocês podem participar. Vocês não estão num ponto morto quando a cortina está fechada. Vocês não são mais alguém. Vocês se tornam alguma coisa. Vocês não estão mais sozinhos com vocês mesmos. Vocês não estão mais abandonados as suas próprias sortes. Agora vocês estão juntos. Vocês são uma plateia. Esse é o alivio. Vocês podem participar.

Agora aqui em cima não há ordem. Não há objetos que demonstrem uma ordem estabelecida para vocês. Aqui o mundo não é sadio nem insalubre. Isto não é o mundo. Aqui acessórios teatrais estão fora de lugar. Os espaços deles não estão esboçados sobre o palco. Já que eles não estão esboçados, aqui não há ordem. Não há marcas de giz para o ponto de vista dos objetos. Não há marcação para o ponto de vista das personagens. Em oposição a vocês e suas poltronas, aqui nada está nos seus lugares. Aqui os objetos não têm lugares fixos, como os lugares de suas poltronas, aí embaixo. Este palco não é o mundo, exatamente como o mundo não é o palco.

Aqui todo objeto também não tem seu próprio tempo. Aqui nenhum objeto tem seu próprio tempo. Aqui nenhum objeto tem seu tempo fixado, quando ele serve como um adereço, ou quando ele se torna um obstáculo. Aqui os objetos não são usados. Aqui não se age como se os objetos fossem realmente usados. Aqui os objetos são úteis.

Vocês não estão de pé. Vocês estão usando as poltronas. Vocês estão sentados. Assim como suas poltronas formam um padrão, igualmente vocês formam um padrão. Não há lugar de pé. As pessoas apreciam a arte mais efetivamente quando elas sentam do que quando elas ficam de pé. Por isso vocês estão sentados. Vocês são mais amigáveis quando estão sentados. Vocês são mais receptivos. Vocês são mais compreensivos. Vocês são mais pacientes. Sentados vocês ficam mais relaxados. Vocês são mais democráticos. Vocês ficam menos entediados. O tempo parece menos longo e enfadonho para vocês. Vocês toleram mais o que acontece com vocês. Vocês são mais clarividentes. Vocês são menos distraídos. É fácil para vocês esquecerem seus arredores. O mundo em torno de vocês desaparece mais facilmente. Vocês começam a se assemelhar mais um com o outro. Vocês começam a perder suas identidades. Vocês começam a perder as características que os distinguem uns dos outros. Vocês se tornam uma unidade. Vocês se tornam um padrão. Vocês se tornam um. Vocês perdem suas consciências. Vocês se tornam espectadores. Vocês se tornam ouvintes. Vocês se tornam apáticos. Vocês se tornam olhos e ouvidos. Vocês esquecem de olhar para seus relógios. Vocês esquecem quem vocês são.

De pé vocês seriam perguntadores mais efetivos. De acordo com a anatomia do corpo humano os seus incômodos seriam maiores se vocês estivessem de pé. Vocês seriam mais hábeis em cerrar seus punhos. Vocês poderiam melhor mostrar suas oposições. Vocês teriam maior mobilidade. Vocês não precisariam ser bem educados. Vocês poderiam transferir seus pesos de uma perna para a outra. Vocês poderiam, mais facilmente, se tornarem conscientes de seus corpos. Seus prazeres com a arte seriam diminuídos. Vocês não formariam mais um modelo. Vocês não estariam mais rígidos. Vocês perderiam sua geometria. Vocês seriam mais hábeis em sentir o cheiro do suor dos corpos próximos de vocês. Vocês seriam mais hábeis em expressar concordância cutucando o outro. Se vocês estivessem de pé, a preguiça de seus corpos não manteria vocês andando. De pé vocês seriam mais individuais. Vocês se oporiam mais firmemente ao teatro. Vocês se entregariam a menos ilusões. Vocês se entregariam a mais ilusões. Vocês sofreriam mais distrações. Lá fora, vocês ficam muito mais tempo de pé. Vocês seriam mais hábeis em se abandonarem às suas próprias invenções. Vocês seriam menos hábeis em imaginar acontecimentos representados como reais. Os acontecimentos aqui pareceriam menos verdadeiros do que a vida de vocês. De pé, por exemplo, vocês seriam menos hábeis em imaginar uma morte representada no palco como real. Vocês seriam menos rígidos. Vocês não se deixariam serem colocados embaixo de outro tanto de palavras. Vocês não deixariam outro tanto colocarem acima de vocês. Vocês não ficariam satisfeitos em serem meros espectadores. Seria mais fácil para vocês se tivessem duas cabeças. Vocês poderiam estar em dois lugares imediatamente com seus pensamentos. Vocês poderiam viver em dois espaços-tempo.

Nós não queremos contaminar vocês. Nós não queremos estimular vocês como numa manifestação de sentimentos. Nós não interpretamos sentimentos. Nós não encarnamos sentimentos. Nós não rimos nem choramos. Nós não queremos contaminar vocês com o riso pelo riso, ou com o choro pelo riso, ou com o riso pelo choro, ou com o choro pelo choro. Embora o riso seja mais contagiante do que o choro, nós não contaminamos vocês com o riso pelo riso. E assim por diante. Nós não estamos interpretando. Nós não interpretamos nada. Nós não inventamos. Nós não gesticulamos. Nós nos expressamos apenas pelas palavras. Nós apenas falamos. Nós expressamos. Nós não nos expressamos, exceto a opinião do autor. Nós nos expressamos através da fala. Nossas falas são nossas ações. Através da fala nós nos tornamos teatrais. Nós somos teatrais, porque estamos falando num teatro. Falando continuamente e diretamente com vocês e falando para vocês sobre o tempo, de agora e agora e agora, nós respeitamos a unidade de tempo, espaço e ação. Mas nós respeitamos esta unidade não apenas aqui no palco. Já que o palco não é um mundo à parte, nós também respeitamos a unidade aí embaixo, onde vocês estão. Nós e vocês formamos uma unidade porque estamos falando com vocês sem interrupção. Portanto, sob certas condições, nós, em vez de falarmos vocês, podíamos dizer nós. Isso significa a unidade de ação. O palco aqui em cima e a plateia constituem uma unidade, na qual eles não mais constituem dois níveis. Não há um cinto de radiação entre nós. Aqui não há dois espaços. Aqui é apenas um espaço. O que significa a unidade de espaço. Seus tempos, o tempo dos espectadores e ouvintes, e nosso tempo, o tempo dos que falam, formam uma unidade; nenhum outro tempo transita aqui além do tempo de vocês. Aqui o tempo não é dividido em duas partes iguais. Aqui o tempo não é representado. Aqui apenas o tempo real existe. Aqui apenas o tempo que nós, nós e vocês, experimentamos em nossos próprios corpos existe. Aqui apenas um tempo existe. Isso significa a unidade de tempo. Todas as três citadas circunstâncias, tomadas juntas, significam a unidade de tempo, espaço e ação. Portanto esta peça é clássica.

Porque nós falamos com vocês, vocês se tornam conscientes de vocês mesmos. Porque nós falamos com vocês, suas consciências aumentam. Vocês se tornam cientes de que vocês estão sentados. Vocês se tornam cientes de que vocês estão sentados num teatro. Vocês se tornam cientes do tamanho de seus membros. Vocês se tornam cientes de como seus membros estão dispostos. Vocês se tornam cientes de seus dedos. Vocês se tornam cientes de suas línguas. Vocês se tornam cientes de suas gargantas. Vocês se tornam cientes de quão pesadas suas cabeças são. Vocês se tornam cientes de seus órgãos sexuais. Vocês se tornam cientes das piscadas das suas pálpebras. Vocês se tornam cientes dos músculos com os quais vocês engolem. Vocês se tornam cientes da sua salivação. Vocês se tornam cientes dos batimentos dos seus corações. Vocês se tornam cientes do crescimento de suas sobrancelhas. Vocês se tornam cientes da sensação pontiaguda nos seus couros cabeludos. Vocês se tornam cientes de suas comichões. Vocês se tornam cientes de transpirarem debaixo de suas axilas. Vocês se tornam cientes de suas mãos suadas. Vocês se tornam cientes de suas mãos ressecadas. Vocês se tornam cientes do ar que vocês inalam e exalam através de suas bocas e narizes. Vocês se tornam cientes de nossas palavras que entram nos seus ouvidos. Vocês adquirem presença de espírito.

Tentem não piscar seus olhos. Tentem não engolir mais isso. Tentem não movimentar suas línguas. Tentem não ouvir mais nada. Tentem não cheirar nada. Tentem não salivar mais. Tentem não transpirar. Tentem não se ajeitarem nas suas poltronas. Tentem não respirar.

Porque vocês estão respirando. Porque vocês estão salivando. Porque vocês estão escutando. Porque vocês estão cheirando. Porque vocês estão engolindo. Porque vocês estão piscando. Porque vocês estão arrotando. Porque vocês estão transpirando. Porque quão terrivelmente conscientes vocês estão.

Não pisquem. Não salivem. Não pestanejem. Não inalem. Não exalem. Não se mexam nas suas poltronas. Não nos escutem. Não cheirem. Não engulam. Segurem suas respirações.

Engulam. Salivem. Pisquem. Escutem. Respirem.

Agora vocês estão cientes de suas presenças. Vocês sabem que este é o tempo que vocês estão passando aqui. Vocês são o assunto. Vocês dão os nós. Vocês desatam os nós. Vocês são o centro. Vocês são o motivo. Vocês são a razão. Vocês forneceram o impulso inicial. Aqui vocês nos muniram com palavras. Vocês são o fazedor do jogo e o antagonista. Vocês são os jovens comediantes. Vocês são os jovens amantes, vocês são os ingênuos, vocês são os sentimentais. Vocês são as estrelas, vocês são os tipos, vocês são os *bon-vivants* e os heróis. Vocês são os heróis e os vilões. Vocês são os vilões e os heróis desta peça.

Antes de virem até aqui vocês se prepararam. Vocês vieram aqui com algumas ideias preconcebidas. Vocês vieram ao teatro. Vocês se prepararam para vir ao teatro. Vocês tinham algumas expectativas. Seus pensamentos se adiantaram. Vocês imaginaram algumas coisas. Vocês se prepararam para alguma coisa. Vocês se prepararam para compartilhar alguma coisa. Vocês se prepararam para ficar sentados, sentados nas poltronas que vocês compraram e assistir a alguma coisa. Talvez vocês tenham ouvido falar sobre esta peça. Então, vocês se prepararam, vocês se prepararam para alguma coisa. Vocês permitiram que os acontecimentos se aproximassem de vocês. Vocês estavam preparados para sentar e assistir a alguma coisa.

O ritmo em que vocês respiravam era diferente dos nossos. Vocês vieram vestindo-se de uma certa forma diferente. Vocês partiram de caminhos diferentes. Vocês se aproximaram deste local por diferentes direções. Vocês usaram o sistema público de transportes. Vocês vieram a pé. Vocês usaram os seus próprios meios de transporte. Antes de partirem vocês olharam para seus relógios. Vocês esperavam uma ligação telefônica, vocês tiraram o aparelho do gancho, vocês ligaram as luzes, vocês desligaram as luzes, vocês fecharam as portas, vocês giraram as chaves, vocês andaram depressa ao ar livre. Vocês impulsionaram suas pernas. Vocês deixaram que seus braços balançassem para cima e para baixo enquanto vocês caminhavam. Vocês caminhavam. Vocês partiram de diferentes direções, todos para a mesma direção. Vocês encontraram seus caminhos aqui com a ajuda dos seus sentidos de direção.

Por causa dos seus planos vocês se diferenciaram dos outros que foram para outros locais. Simplesmente por causa dos seus planos, vocês imediatamente formaram uma unidade com os outros que vieram para este local. Vocês tinham o mesmo objetivo. Vocês planejaram gastar uma parte dos seus futuros juntos com outros num tempo definido.

Vocês cruzaram faixas de trânsito. Vocês olharam para a esquerda e a direita. Vocês observaram os sinais de trânsito. Vocês acenaram para os outros. Vocês pararam. Vocês informaram aos outros os seus destinos. Vocês disseram as suas expectativas. Vocês comunicaram suas especulações sobre esta peça. Vocês expressaram suas opiniões sobre esta peça. Vocês apertaram mãos. Vocês tinham outros desejos para vocês de uma noite agradável. Vocês limparam seus sapatos. Vocês mantiveram as portas abertas. Vocês tinham as portas mantidas abertas para vocês. Vocês encontraram outros espectadores. Vocês se sentiram como cúmplices. Vocês observaram as regras de boas maneiras. Vocês ajudaram com os casacos. Vocês se deixaram ser ajudados com os casacos. Vocês ficaram em pé. Vocês caminharam ao redor. Vocês ouviram os sinais. Vocês ficaram impacientes. Vocês se olharam no espelho. Vocês verificaram suas roupas. Vocês lançaram olhares atravessados. Vocês perceberam olhares atravessados. Vocês caminharam. Vocês andaram passo a passo. Seus movimentos se tornaram mais formais. Vocês ouviram o sinal. Vocês olharam para seus relógios. Vocês se tornaram cúmplices. Vocês foram para as suas poltronas. Vocês olharam ao redor. Vocês se acomodaram confortavelmente. Vocês ouviram o sinal. Vocês pararam de conversar. Vocês alinharam seus olhares. Vocês aguçaram seus ouvidos. Vocês respiraram profundamente. Vocês viram as luzes diminuírem de intensidade. Vocês ficaram em silêncio. Vocês ouviram as portas fechando. Vocês olharam fixamente para a cortina. Vocês esperaram. Vocês ficaram rígidos. Vocês não se moveram mais. Em vez disso, a cortina se moveu. Vocês ouviram a cortina murmurar. Vocês foram presenteados com uma vista livre do palco. Tudo estava como sempre é. Suas expectativas não foram desapontadas. Vocês estavam prontos. Vocês encostaram-se nas suas poltronas. A peça podia começar.

Noutras vezes vocês também estavam prontos. Vocês faziam parte do jogo que ia começar. Vocês se recostavam em suas poltronas. Vocês percebiam. Vocês seguiam. Vocês perseguiam. Vocês deixavam acontecer. Vocês deixavam algo acontecer. Vocês deixavam algo acontecer aqui em cima, que já tinha acontecido há muito tempo. Vocês assistiam ao passado, o qual, por meio de diálogos e monólogos, faziam-no como se fosse contemporâneo. Vocês se deixavam cativar. Vocês se deixavam encantar. Vocês esqueciam onde vocês estavam. Vocês esqueciam o tempo. Vocês ficavam rígidos e permaneciam rígidos. Vocês não se moviam. Vocês não agiam. Vocês nem mesmo vinham para frente para ver melhor. Vocês não seguiam os impulsos naturais. Vocês assistiam como vocês assistem a um feixe de luz que foi produzido muito antes que vocês começassem a assistir. Vocês olhavam para um espaço morto. Vocês olhavam pontos mortos. Vocês experimentavam um tempo morto. Vocês ouviam uma língua morta. Vocês mesmos estavam numa sala morta num tempo morto. Era uma calmaria. Nenhum sopro de ar movia. Vocês não se moviam. Vocês olhavam fixamente. A distância entre vocês e nós era infinita. Nós estávamos infinitamente longe de vocês. Nós nos movíamos numa distância infinita de vocês. Nós tínhamos vivido um período infinito antes de vocês. Nós vivíamos aqui no palco antes do começo dos tempos. Seus olhares e nossos olhares se encontravam no infinito. Um espaço infinito estava entre nós. Nós representávamos. Mas nós não representávamos com vocês. Aqui vocês sempre estiveram na posteridade.

Aqui peças foram representadas. Aqui significados foram representados. Aqui absurdos com significados foram representados. Aqui as peças tinham um motivo e um movimento secreto. Elas tinham um fundo falso. Elas não eram o que elas eram. Elas não eram o que elas pareciam. Havia algo atrás delas. As coisas e o enredo pareciam ser, mas eles não eram. Eles pareciam ser como eles pareciam, mas eles eram diferentes. Eles não pareciam parecer como uma peça pura, eles pareciam ser. Eles pareciam ser realidade. Aqui as peças não matam o tempo, ou elas não matam apenas o tempo. Elas eram significantes. Elas não eram eternas como as peças puras, um tempo irreal passado nelas. A aparente inexpressividade de algumas peças era precisamente o que representava seus significados escondidos. Mesmo os adornos de aderecistas adquirem significados nestas margens. Sempre houve uma armadilha. Sempre houve uma armadilha entre as palavras, os gestos, os adereços e na busca de significar alguma coisa para vocês. Sempre algo tinha dois ou mais significados. Alguma coisa estava sempre acontecendo. Alguma coisa acontecia na peça que vocês supunham pensar que era real. Histórias sempre aconteciam. Uma representação e um tempo irreal aconteciam. O que vocês viam e ouviam pretendia ser não apenas o que vocês viam e ouviam. Pretendia ser o que vocês não viam e não ouviam. Tudo era previsto. Tudo era expresso. Mesmo o que aparentava expressar nada expressava algo, porque algo que acontece no teatro expressa algo. Tudo que era representado expressava alguma coisa real. A peça não era representada por causa da peça, mas por causa da realidade. Vocês tinham de descobrir uma realidade representada por detrás da peça. Vocês supunham compreender a peça. Não a peça, a realidade era representada. O tempo era representado. Uma vez que o tempo era representado, a realidade era representada. O teatro representava o tribunal. O teatro representava a arena. O teatro representava a instituição moral. O teatro representava sonhos. O teatro representava ritos tribais. O teatro representava espelhos para vocês. A peça supera a peça. Ela sugeriu realidade. Tornou-se impura. Ela tinha um significado. Em vez de o tempo ficar fora da peça, um tempo irreal e ineficaz transpirou. Com o tempo irreal uma realidade irreal foi representada. Ela era desarmada, sem significação para vocês; ela foi representada. Aqui nenhuma realidade nem peça transpiraram. Se uma peça pura tivesse sido representada aqui, o tempo poderia ter sido omitido da peça. Uma peça pura não tem tempo. Mas já que uma realidade foi representada, o tempo correspondente também foi representado. Se uma peça pura tivesse sido representada aqui, teria sido apenas aqui o tempo dos espectadores. Mas já que aqui a realidade era parte da peça, havia sempre dois tempos: o tempo de vocês, o tempo dos espectadores e o tempo representado, o qual parecia ser o tempo real. Mas o tempo não pode ser representado. Ele não pode ser repetido em nenhuma peça. O tempo é insubstituível. O tempo é irresistível. O tempo é inexecutável. O tempo é real. Ele não pode ser representado como real. Já que o tempo não pode ser representado, também a realidade não pode ser representada. Apenas uma peça na qual o tempo é omitido da peça é uma peça. Uma peça na qual o tempo desempenha um papel não é uma peça. Apenas uma peça eterna é sem significado. Apenas uma peça eterna é autossuficiente. Apenas uma peça eterna não precisa representar o tempo. Apenas por uma peça eterna o tempo é sem significado. Todas as outras peças são peças impuras. Há apenas peças sem tempo, ou peças nas quais o tempo é tempo real; como os noventa minutos de um jogo de futebol, o qual tem apenas um tempo porque o tempo dos jogadores é o mesmo tempo dos espectadores. Todas as outras peças são peças simuladas. Todas as outras peças deformam a realidade do fato. Numa peça eterna não se espelham fatos.

Nós poderíamos fazer uma peça dentro de uma peça para vocês. Nós poderíamos representar acontecimentos para vocês, que ocorreriam fora desta sala durante estes momentos enquanto vocês estão engolindo, enquanto vocês estão piscando os olhos. Nós poderíamos ilustrar as estatísticas. Nós poderíamos representar o que é estatisticamente levado em outros lugares, enquanto vocês estão neste lugar. Por meio da representação do que está acontecendo, nós poderíamos fazer vocês imaginarem esses acontecimentos. Nós poderíamos trazê-los para bem perto de vocês. Nós não precisaríamos representar nada do que é passado. Nós poderíamos jogar um jogo limpo. Por exemplo, nós poderíamos representar o verdadeiro processo de morte que está estatisticamente acontecendo em algum lugar neste momento. Nós poderíamos nos tornar patéticos. Nós poderíamos declarar que a morte é o *páthos* do tempo, sobre o qual nós falamos todo o tempo. A morte poderia ser o *páthos* deste tempo real, o qual vocês estão gastando aqui. De qualquer forma, esta peça dentro de uma peça ajudaria trazer para esta peça um clímax dramático.

Mas nós não estamos iludindo vocês. Nós não imitamos. Nós não representamos outras pessoas e outros acontecimentos, mesmo se eles existem estatisticamente. Nós renunciamos a uma pantomima e a uma linguagem dos gestos. Não há personagens que façam parte da trama e por essa razão não há atores representando. A trama não é livremente inventada, pois não há trama. Já que não há trama, acasos são impossíveis. Semelhança com pessoas ainda vivas, ou que estão morrendo, ou com pessoas mortas, não são casuais, mas impossíveis. Pois nós não representamos nada e não somos outros que nós mesmos. Nós nem mesmo representamos nós mesmos. Nós estamos falando. Aqui nada é inventado. Nada é imitado. Nada é fato. Nada é deixado para suas imaginações.

Devido ao fato de que nós não estamos representando e nem atuando completamente, esta peça é metade cômica e metade trágica. Devido ao fato de que nós apenas falamos e não deixamos cair para fora o tempo, nós não podemos retratar nada para vocês e demonstrar nada para vocês. Nós não ilustramos nada. Nós não invocamos nada fora do passado. Nós não estamos em conflito com o passado. Nós não estamos em conflito com o presente. Nós não antecipamos o futuro. Nós falamos do tempo no presente, no passado e no futuro.

Este é o porquê, por exemplo, de nós não podermos representar os momentos reais da morte, que está estatisticamente acontecendo agora. Nós não podemos representar o ofegar que está acontecendo neste momento, ou o ruir e desmoronar, ou as dores da morte, ou o ranger dos dentes agora, ou as últimas palavras, ou o último suspiro agora, que está estatisticamente acontecendo agora neste segundo, ou a última exalação, ou a última ejaculação que está acontecendo agora, ou a falta de ar que está estatisticamente começando agora, e agora, e agora, e agora, e assim por diante, ou a inércia agora, ou a estatisticamente averiguada rigidez cadavérica, ou o repousar absolutamente imóvel agora. Nós não podemos representar isso. Nós apenas falamos disso. Nós estamos falando disso agora.

Devido ao fato de que apenas falamos e devido ao fato de que não falamos nada inventado, não podemos ser equívocos ou ambíguos. Devido ao fato de que não representamos nada, não pode existir dois ou mais níveis aqui ou uma peça dentro de uma peça. Devido ao fato de que não gesticulamos e não contamos para vocês nenhuma história e não representamos nada, não podemos ser poéticos. Devido ao fato de que apenas falamos para vocês, perdemos a poesia da ambiguidade. Por exemplo, não podemos usar os gestos e expressões da morte que mencionamos para representar os gestos e expressões de um simultaneamente transpirado exemplo de relação sexual, que está estatisticamente transpirando agora. Não podemos representar sobre uma base falsa. Não podemos nos remover do mundo. Não precisamos ser poéticos. Não precisamos hipnotizar vocês. Não precisamos enganar vocês. Não precisamos lançar maus olhares para vocês. Não precisamos de uma segunda natureza. Isto não é hipnose. Vocês não têm que imaginar nada. Vocês não têm que sonhar com os olhos abertos. Com o ilógico dos seus sonhos vocês não são dependentes da lógica do palco. As impossibilidades de seus sonhos não têm que confiná-los às possibilidades do palco. O absurdo dos seus sonhos não tem que obedecer às leis autênticas do teatro. Portanto, nós não representamos nem sonhos nem realidade. Nós não fazemos reivindicações nem pela vida nem pela morte, nem pela sociedade nem pelo individual, nem pelo o que é natural nem pelo o que é sobrenatural, nem pela alegria nem pelo sofrimento, nem pela realidade nem pela ficção. O tempo não nos incita à melancolia.

Esta peça é um prólogo. Ela não é o prólogo para uma outra peça, mas o prólogo do que vocês fizeram, do que vocês estão fazendo e do que vocês farão. Vocês foram o tema. Esta peça é o prólogo para o tema. Ela é o prólogo para suas práticas e costumes. Ela é o prólogo para suas ações. Ela é o prólogo para suas inatividades. Ela é o prólogo para vocês deitarem, sentarem, ficarem de pé, andarem. Ela é o prólogo para as brincadeiras e a seriedade de suas vidas. Ela é também o prólogo para as suas futuras idas ao teatro. Ela é também o prólogo para todos os outros prólogos. Esta peça pertence ao teatro do mundo.

Logo vocês se moverão. Vocês se prepararão. Vocês se prepararão para aplaudir. Vocês se prepararão para não aplaudir. Quando vocês se preparam para fazer o padrão, vocês baterão uma mão contra a outra, isto é, vocês baterão uma palma na outra palma e repetirão estas batidas numa rápida sucessão. Entrementes, vocês estarão aptos para ver suas mãos batendo palmas ou não batendo palmas. Vocês ouvirão o som de suas palmas e o som de palmas próximo de vocês e vocês verão próximo de vocês e diante de vocês as mãos batendo palmas para trás e para frente, ou vocês não ouvirão as esperadas palmas e não verão as mãos batendo para trás e para frente. Ao invés, vocês talvez ouvirão outros sons e vocês mesmos produzirão outros sons. Vocês se prepararão para levantar. Vocês ouvirão as dobradiças das poltronas atrás de vocês. Vocês nos verão fazendo nossas reverências. Vocês verão a cortina se fechar. Vocês serão capazes de indicar os ruídos que a cortina produz durante esse processo. Vocês colocarão nos bolsos seus programas. Vocês trocarão olhares. Vocês trocarão palavras. Vocês se movimentarão. Vocês farão comentários e ouvirão comentários. Vocês reprimirão comentários. Vocês poderão sorrir expressivamente. Vocês poderão sorrir inexpressivamente. Vocês caminharão numa forma ordeira até o *foyer*. Vocês mostrarão seus tíquetes para retirar suas coisas. Vocês permanecerão de pé. Vocês se verão nos espelhos. Vocês ajudarão outros com os casacos. Vocês segurarão portas abertas para outros. Vocês dirão seus até logo. Vocês acompanharão. Vocês serão acompanhados. Vocês andarão ao ar livre. Vocês regressarão ao cotidiano. Vocês irão para diferentes direções. Se vocês ficarem juntos, vocês serão um grupo de teatro. Vocês irão para um restaurante. Vocês pensarão no amanhã. Vocês pouco a pouco acharão seus meios de voltar para a realidade. Vocês serão novamente capazes de chamar a cruel realidade. Vocês ficarão sóbrios. Vocês novamente conduzirão suas próprias vidas. Vocês não mais serão uma unidade. Vocês irão de um lugar para diferentes lugares.

Mas, antes de partirem, vocês serão insultados.

Nós insultaremos vocês, porque insultar vocês é também uma maneira de falar com vocês. Insultando vocês, nós podemos ser diretos com vocês. Nós podemos despertar vocês. Nós podemos destruir o espaço da representação. Nós podemos derrubar uma parede. Nós podemos observar vocês.

Enquanto estamos insultando vocês, vocês não apenas nos ouvirão, vocês prestarão atenção em nós. A distância entre nós não será mais infinita. Devido ao fato de que estamos insultando vocês, sua inércia e seu incômodo finalmente se tornarão públicos. Mas nós não insultaremos vocês, apenas usaremos palavras ofensivas, as quais vocês mesmos usam. Nós nos contradizemos com nossos insultos. Nós não nos dirigiremos a ninguém em particular. Nós apenas criaremos um modelo acústico. Vocês não terão que se sentir insultados. Vocês foram informados com antecedência, então vocês não podem se sentir insultados enquanto nós estamos insultando vocês. Já que provavelmente vocês já estão completamente insultados, não gastaremos mais tempo antes de insultarmos vocês completamente. Vocês foram o tema dos nossos insultos. Vocês irão nos escutar, seus olhos esbugalhados.

Vocês permitiram que o impossível se tornasse possível. Vocês foram os heróis desta peça. Vocês economizaram nos gestos. Suas personagens estavam bem arredondadas. Vocês tiveram cenas inesquecíveis. Vocês não interpretaram. Vocês eram as personagens. Vocês foram um acontecimento. Vocês foram o achado da noite. Vocês viveram seus papéis. Vocês tiveram a maior parte do sucesso. Vocês salvaram a peça. Vocês foram uma visão. Vocês foram uma visão a ser vista, seus come meleca.

Vocês sempre estiveram presentes. Seus esforços honestos não ajudaram a peça em nenhum momento. Vocês contribuíram apenas com as deixas. O melhor que vocês criaram foi as suas pequenas omissões. Seus silêncios disseram tudo, seus intrometidos.

Vocês foram atores perfeitos. Vocês começaram de maneira promissora. Vocês foram como na vida real. Vocês foram realistas. Vocês colocaram tudo sob seus fascínios. Vocês nos fizeram fazer cenas no palco. Vocês chegaram às alturas da cultura teatral, seus vadios, seus simplórios, seus caras de bofetada.

Nenhuma nota errada cruzou seus lábios. Vocês tinham controle de toda a cena. Suas interpretações foram de uma rara nobreza. Seus semblantes estavam com uma rara perfeição. Vocês formaram um elenco exemplar. Vocês foram o elenco dos sonhos. Vocês foram inimitáveis, rostos inesquecíveis. Vocês, com seu senso de humor, nos deixaram ofegantes. Suas tragédias foram de antiga grandeza. Vocês deram o melhor de si, seus pessimistas, inúteis, instrumentos indolentes, escórias da sociedade.

Vocês foram de uma mesma qualidade. Vocês tiveram um de seus melhores dias esta noite. Vocês formaram uma equipe maravilhosa. Vocês foram imitações da vida, seus idiotas, seus grosseiros, seus ateus, seus libertinos, seus bandidos, seus judeus sujos.

Vocês nos mostraram perspectivas inteiramente novas. Vocês foram bem aconselhados com esta peça. Vocês se superaram. Vocês representaram livremente. Vocês se viraram pelo avesso, sua cambada, seus coveiros da cultura ocidental, seus antissociais, seus túmulos caiados, corja de demônios, corja de víboras, seus especialistas de tiro na nuca.

Vocês estavam impagáveis. Vocês foram um furacão. Vocês provocaram arrepios em nossas espinhas. Vocês varreram tudo antes de vocês, seus bandidos de campo de concentração, seus vagabundos, seus cabeçudos, seus agitadores de guerra, seus sub-humanos, seu bando de selvagens, suas bestas humanas, seus porcos nazistas.

Vocês estavam precisos. Vocês estavam empolgantes. Vocês não desapontaram nossas expectativas. Vocês nasceram atores. Atuar já estava no seu sangue, seus carniceiros, seus doentes mentais, seus oportunistas, filhos de uma vaca, seu bando de bestas, seus tolos, seus fodidos, seus extraviados, mentalidade de mau-caráter.

Vocês tinham um controle perfeito da respiração, seus fanfarrões, seus falsos patriotas, seus grandes capitalistas judeus, seus caretas, marionetes, seus proletários, seus cara-pálidas, seus franco atiradores, seus negações, seus bajuladores, seus hipócritas, suas nulidades, seus coisas baratas, suas centopeias, seus excedentes, suas vidas supérfluas, seus canalhas, seus ridículos, seus elementos incontestáveis.

Vocês são atores talentosos, seus basbaques, vocês, cambada de sem-pátria, revolucionarotes, escória, vocês que sujam seus próprios ninhos, seus emigrantes, seus derrotistas, seus revisionistas, seus revanchistas, seus militaristas, seus pacifistas, seus fascistas, seus intelectualistas, seus niilistas, seus individualistas, seus coletivistas, seus aprendizes de político, espíritos de contradição, seus sensacionalistas, seus antidemocratas, seus autoacusadores, seus mendicantes de aplausos, seus monstros antidiluvianos, claque de meia-tigela, panelinha de acomodados, ralé, vocês, comida de porcos, seus avarentos, seus famintos, seus hipocondríacos, seus pegajosos, vocês, proletas intelectuais, seus novos-ricos, seus ninguéns, seus qualquer coisa.

Oh, seus doentes de câncer, seus escarros de tuberculose, seus portadores de esclerose múltipla, seus sifilíticos, seus doentes cardíacos, paraplégicos, seus hidrópicos, seus apoplécticos, seus portadores da morte, seus candidatos ao suicídio, seus potenciais mortos de paz, seus potenciais mortos de guerra, seus potenciais mortos em acidente, seus potenciais mortos.

Seus golpistas. Seus atores de tipos. Desclassificados. Farseadores. Caça-níqueis. Desbocados. Vocês, de casa cheia. Seus ateus. Edições baratas. Seus impostores. Vocês, marcos na história do teatro. Suas pestes vagarosas. Almas imortais. Vocês que não são deste mundo. Vocês, de mente aberta. Vocês, heróis positivos. Seus aborticionistas. Heróis negativos. Vocês, heróis de todos os dias. Luzes do conhecimento. Seus nobres malígnos, seus burgueses corruptos. Seus classes cultas. Vocês, povo do nosso tempo. Vocês que gritam no deserto. Seus santos dos últimos dias. Crianças deste mundo. Seus lamentadores. Instantes históricos. Seus dignitários leigos e eclesiásticos. Seus patifes. Vocês, chefes. Vocês, empresários. Suas Eminências. Suas Excelências. Suas Santidades.

Vossas Altezas. Seus Ilustríssimos. Vocês, cabeças coroadas. Almas vendidas. Vocês que dizem sim e não. Seus arquitetos do futuro. Vocês que nos prometem um mundo melhor. Seus mafiosos. Seus insaciáveis. Seus maliciosos. Seus pretensiosos. Vocês que acreditam conhecer a vida. Vocês, senhoras e senhores, vocês, celebridades da vida pública e cultural, vocês, vocês que estão presentes vocês, vocês irmãos e irmãs vocês, vocês camaradas vocês, vocês ouvintes notáveis vocês, vocês nossos próximos, vocês.

Aqui vocês foram bem-vindos. Nós lhes agradecemos. Boa noite.

Imediatamente fecha-se a cortina. Entretanto, ela não permanece fechada, mas imediatamente é aberta, outra vez, não obstante o comportamento do público. Os atores falantes param e olham para o público, sem olhar para alguém em especial. Por meio de alto-falantes se ouve estrondosos aplausos e selvagens assobios; além disso, poderia adicionar reações do público de concertos de bandas de beat-music. O uivar ensurdecedor e os gritos estridentes duram até que o público comece a sair. Somente, então, a cortina é fechada definitivamente.

Für
Karlheinz Braun, Claus Peymann, Basch Peymann,
Wolfgang Wiens, Peter Steinbach, Michael Gruner,
Ulrich Hass, Claus Dieter Reents, Rüdiger Vogler,
John Lennon

Vier Sprecher

Regeln für die Schauspieler

Die Litaneien in den katholischen Kirchen anhören.
Die Anfeuerungsrufe und die Schimpfchöre auf den Fußballplätzen anhören.
Die Sprechchöre bei Aufläufen anhören.
Die laufenden Räder eines auf den Sattel gestellten Fahrrads bis zum Ruhepunkt der Speichen anhören und die Speichen bis zu ihrem Punkt der Ruhe ansehen.
Das allmähliche Lautwerden einer Betonmischmaschine nach dem Anschalten des Motors anhören.
Das Inswortfallen bei Debatten anhören.
»Tell me« von den Rolling Stones anhören.
Die zugleich geschehenden Einfahrten und Ausfahrten von Zügen anhören.
Die Hitparade von Radio Luxemburg anhören.
Die Simultansprecher bei den Vereinten Nationen anhören.
In dem Film »Die Falle von Tula« den Dialog des Gangsterbosses (Lee J. Cobb) mit der Schönen anhören, in dem die Schöne den Gangsterboß fragt, wieviele Menschen er denn noch umbringen lassen werde, worauf der Gangsterboß, indem er sich zurücklehnt, fragt: Wieviele gibt's denn noch? und dabei den Gangsterboß ansehen.
Die Beatles-Filme ansehen.
In dem ersten Beatles-Film Ringo Starrs Lächeln ansehen, in dem Augenblick, da er, nachdem er von den andern gehänselt worden ist, sich an das Schlagzeug setzt und zu trommeln beginnt.
In dem Film »Der Mann aus dem Westen« das Gesicht Gary Coopers ansehen.
In demselben Film das Sterben des Stummen ansehen, der mit der Kugel im Leib die ganze öde Straße durch die verlassene Stadt hinunterläuft und hüpfend und springend jene schrillen Schreie ausstößt.
Die die Menschen nachäffenden Affen und die spuckenden Lamas im Zoo ansehen.

Die Gebärden der Tagediebe und Nichtstuer beim Gehen auf den Straßen und beim Spiel an den Spielautomaten ansehen. Wenn die Besucher den für sie bestimmten Raum betreten, erwartet sie die bekannte Stimmung vor dem Beginn eines Stücks. Vielleicht ist hinter dem geschlossenen Vorhang sogar das Geräusch von irgendwelchen Gegenständen zu hören, die den Besuchern das Verschieben und Zurechtrücken von Kulissen vortäuschen. Zum Beispiel wird ein Tisch quer über die Bühne gezogen oder einige Stühle werden geräuschvoll aufgestellt und wieder beiseitegetragen. Die Zuschauer in den ersten Reihen können hinter dem Vorhang auch die geflüsterten Anweisungen vorgetäuschter Bühnenmeister und die geflüsterten Verständigungen vorgetäuschter Arbeiter hören. Vielleicht ist es zweckdienlich, dafür Tonbandaufnahmen von anderen Stücken zu verwenden, bei denen vor dem Aufgehen des Vorhangs in Wirklichkeit Gegenstände bewegt werden. Diese Geräusche werden zur besseren Hörbarkeit noch verstärkt. Man typisiert und stilisiert sie, so daß eine Ordnung oder Gesetzmäßigkeit in den Geräuschen entsteht. Auch im Zuschauerraum ist für die gewohnte Theaterstimmung zu sorgen. Die Platzanweiser vervollkommnen noch ihre gewohnte Beflissenheit, bewegen sich noch formeller und zeremonieller, dämpfen ihr gewohntes Flüstern noch stilvoller. Ihr Gehabe wirkt ansteckend. Die Programme sind in vornehmer Ausstattung gehalten. Das wiederholte Klingelsignal darf nicht vergessen werden. Es folgt in immer kürzeren Abständen. Das allmähliche Verlöschen des Lichts wird nach Möglichkeit noch hinausgezögert. Vielleicht kann es stufenweise geschehen. Die Gebärden der Platzanweiser, die die Türen nun schließen, sind besonders gravitätisch und auffallend. Dennoch sind sie nichts anderes als Platzanweiser. Es soll keine Symbolik entstehen. Zu spät Kommende haben keinen Zutritt. Besucher in unangemessener Kleidung werden abgewiesen. Der Begriff der unangemessenen Kleidung ist möglichst weit auszulegen. Niemand soll durch seine Kleidung besonders aus den Zuschauern herausstechen und das Auge verletzen. Zumindest sollen die Herren dunkel gekleidet sein, Rock, weißes Hemd und eine unauffällige Krawatte tragen. Die Damen sollen grelle Farben ihrer Garderoben tunlichst vermeiden. Es gibt keine Stehplätze. Sind die Türen geschlossen und ist das Licht allmählich erloschen, so wird es auch hinter dem Vorhang allmählich still. Die Stille hinter dem Vorhang und die Stille, die im Zuschauerraum eintritt, gleichen einander. Die Zuschauer starren noch eine kleine Weile auf den sich fast unmerklich bewegenden, von einem vorgetäuschten Huschen sich vielleicht sogar buchtenden Vorhang. Dann wird der Vorhang ruhig. Es verstreicht noch eine kurze Zeit. Dann geht der Vorhang langsam auseinander und gibt den Blick frei. Wenn die Bühne den Blicken frei ist, kommen aus dem Bühnenhintergrund die vier Sprecher nach vorn. Sie werden in ihrem Gehen durch keinen Gegenstand behindert. Die Bühne ist leer. Während sie in den Vordergrund kommen, in einem Gang, der nichts anzeigt, in einer beliebigen Kleidung, wird es wieder hell, auf der Bühne und im Zuschauerraum. Die Helligkeit hier und dort ist ungefähr gleich, von einer Stärke, die den Augen nicht weh tut. Das Licht ist das gewohnte, das einsetzt, wenn zum Beispiel die Vorstellung aus ist. Die Helligkeit bleibt auf der Bühne wie im Zuschauerraum während des ganzen Stückes unverändert. Die Sprecher schauen noch nicht ins Publikum, während sie herankommen. Sie proben noch im Gehen. Sie richten die Worte, die sie sprechen, keinesfalls an die Zuhörer. Das Publikum darf noch keinesfalls gemeint sein. Für die Sprecher ist es noch nicht vorhanden. Während sie herankommen, bewegen sie die Lippen. Allmählich werden ihre Worte verständlich und schließlich laut. Die Schimpfwörter, die sie sprechen, überschneiden sich. Die Sprecher sprechen durcheinander. Sie nehmen voneinander Wörter auf. Sie nehmen einander die Worte aus dem Mund. Sie sprechen gemeinsam. Sie sprechen alle zugleich, aber verschiedene Wörter. Sie wiederholen die Wörter. Sie sprechen lauter. Sie schreien. Sie vertauschen die geprobten Wörter untereinander. Sie proben schließlich gemeinsam ein Wort. Die Wörter, die sie zu diesem Vorspiel verwenden, sind folgende: (die Reihenfolge ist nicht zu beachten) *Ihr Fratzen, ihr Kasperl, ihr Glotzaugen, ihr Jammergestalten, ihr Ohrfeigengesichter, ihr Schießbudenfiguren, ihr Maulaffenfeilhalter.* Nach einer gewissen klanglichen Einheitlichkeit ist zu streben. Außer dem Klangbild soll sich aber kein anderes Bild ergeben. Die Beschimpfung ist an niemanden gerichtet. Aus ihrer Sprechweise soll sich keine Bedeutung ergeben. Die Sprecher sind vor dem Ende der Schimpfprobe im Vordergrund angelangt. Sie stellen sich zwanglos auf, bilden aber eine gewisse Formation. Sie sind nicht völlig starr, sondern bewegen sich nach der Bewegung, die ihnen die zu sprechenden Worte verleihen. Sie schauen nun ins Publikum, fassen aber niemand ins Auge. Sie bleiben noch ein wenig stumm. Sie sammeln sich. Dann beginnen sie zu sprechen. Die Reihenfolge des Sprechens ist beliebig. Alle Sprecher sind ungefähr gleich viel beschäftigt.

Sie sind willkommen.

Dieses Stück ist eine Vorrede.

Sie werden hier nichts hören, was Sie nicht schon gehört haben.
Sie werden hier nichts sehen, was Sie nicht schon gesehen haben.
Sie werden hier nichts von dem sehen, was Sie hier immer gesehen haben. Sie werden hier nichts von dem hören, was Sie hier immer gehört haben.

Sie werden hören, was Sie sonst gesehen haben.
Sie werden hören, was Sie hier sonst nicht gesehen haben.
Sie werden kein Schauspiel sehen.
Ihre Schaulust wird nicht befriedigt werden.
Sie werden kein Spiel sehen.
Hier wird nicht gespielt werden.
Sie werden ein Schauspiel ohne Bilder sehen.

Sie haben sich etwas erwartet.
Sie haben sich vielleicht etwas anderes erwartet.
Sie haben sich Gegenstände erwartet.
Sie haben sich keine Gegenstände erwartet.
Sie haben sich eine Atmosphäre erwartet.
Sie haben sich eine andere Welt erwartet.
Sie haben sich keine andere Welt erwartet.
Jedenfalls haben Sie sich etwas erwartet.
Allenfalls haben Sie sich das erwartet, was sie hier hören.
Aber auch in diesem Fall haben Sie sich etwas anderes erwartet.

Sie sitzen in Reihen. Sie bilden ein Muster. Sie sitzen in einer gewissen Ordnung. Ihre Gesichter zeigen in eine gewisse Richtung. Sie sitzen im gleichen Abstand voneinander. Sie sind ein Auditorium. Sie bilden eine Einheit. Sie sind eine Zuhörerschaft, die sich im Zuschauerraum befindet. Ihre Gedanken sind frei. Sie machen sich noch Ihre eigenen Gedanken. Sie sehen uns sprechen und Sie hören uns sprechen. Ihre Atemzüge werden einander ähnlich. Ihre Atemzüge passen sich den Atemzügen an, mit denen wir sprechen. Sie atmen, wie wir sprechen. Wir und Sie bilden allmählich eine Einheit.

Sie denken nichts. Sie denken an nichts. Sie denken mit. Sie denken nicht mit. Sie sind unbefangen. Ihre Gedanken sind frei. Indem wir das sagen, schleichen wir uns in Ihre Gedanken. Sie haben Hintergedanken. Indem wir das sagen, schleichen wir uns in Ihre Hintergedanken. Sie denken mit. Sie hören. Sie vollziehen nach. Sie vollziehen nicht nach. Sie denken nicht. Ihre Gedanken sind nicht frei. Sie sind befangen.

Sie schauen uns an, wenn wir mit Ihnen sprechen. Sie schauen uns nicht *zu*. Sie schauen uns *an*. Sie werden angeschaut. Sie sind ungeschützt. Sie haben nicht mehr den Vorteil derer, die aus dem Dunkeln ins Licht schauen. Wir haben nicht mehr den Nachteil derer, die vom Licht in das Dunkle schauen. Sie schauen nicht zu. Sie schauen an und Sie werden angeschaut. Auf diese Weise bilden wir und Sie allmählich eine Einheit. Statt Sie könnten wir unter gewissen Voraussetzungen auch wir sagen. Wir befinden uns unter einem Dach. Wir sind eine geschlossene Gesellschaft.

Sie hören uns nicht *zu*. Sie hören uns *an*. Sie sind nicht mehr die Lauscher hinter der Wand. Wir sprechen offen zu Ihnen. Unsere Gespräche gehen nicht mehr im rechten Winkel zu Ihren Blicken. Unsere Gespräche werden von Ihren Blicken nicht mehr geschnitten. Unsere Worte und Ihre Blicke bilden keinen Winkel mehr miteinander. Sie werden nicht mißachtet. Sie werden nicht als bloße Zwischenrufer behandelt. Sie brauchen sich über kein Geschehen hier aus der Perspektive von Fröschen und Vögeln ein Urteil zu bilden. Sie brauchen nicht Schiedsrichter zu spielen. Sie werden nicht mehr als eine Zuschauerschaft behandelt, an die wir uns zwischendurch wenden können. Das ist kein Spiel. Hier gibt es kein Zwischendurch. Hier gibt es kein Geschehen, das Sie ansprechen soll. Das ist kein Spiel. Wir treten aus keinem Spiel heraus, um uns an Sie zu wenden. Wir haben keine Illusionen nötig, um Sie desillusionieren zu können. Wir zeigen Ihnen nichts. Wir spielen keine Schicksale. Wir spielen keine Träume. Das ist kein Tatsachenbericht. Das ist keine Dokumentation. Das ist kein Ausschnitt der Wirklichkeit. Wir erzählen Ihnen nichts. Wir handeln nicht. Wir spielen Ihnen keine Handlung vor. Wir stellen nichts dar. Wir machen Ihnen nichts vor. Wir sprechen nur. Wir spielen, indem wir Sie ansprechen. Wenn wir wir sagen, können wir auch Sie meinen. Wir stellen nicht Ihre Situation dar. In uns können Sie nicht sich selber erkennen. Wir spielen keine Situation. Sie brauchen sich nicht betroffen zu fühlen. Sie können sich nicht betroffen fühlen. Ihnen wird kein Spiegel vorgehalten. Sie sind nicht gemeint. Sie sind angesprochen. Sie werden angesprochen. Sie werden angesprochen werden. Sie werden sich langweilen, wenn Sie nicht angesprochen sein wollen.

Sie leben nicht mit. Sie gehen nicht mit. Sie vollziehen nichts nach. Sie erleben hier keine Intrigen. Sie erleben nichts. Sie stellen sich nichts vor. Sie brauchen sich nichts vorzustellen. Sie brauchen keine Voraussetzung. Sie brauchen nicht zu wissen, daß dies hier eine Bühne ist. Sie brauchen keine Erwartung. Sie brauchen sich nicht erwartungsvoll zurückzulehnen. Sie brauchen nicht zu wissen, daß hier nur gespielt wird. Wir machen keine Geschichten. Sie verfolgen kein Geschehen. Sie spielen nicht mit. Hier wird Ihnen mitgespielt. Das ist ein Wortspiel.

Hier wird nicht dem Theater gegeben, was des Theaters ist. Hier kommen Sie nicht auf Ihre Rechnung. Ihre Schaulust bleibt ungestillt. Es wird kein Funken von uns zu Ihnen überspringen. Es wird nicht knistern vor Spannung. Diese Bretter bedeuten keine Welt. Sie gehören zur Welt. Diese Bretter dienen dazu, daß wir darauf stehen. Dies ist keine andre Welt als die Ihre. Sie sind keine Zaungäste mehr. Sie sind das Thema. Sie sind im Blickpunkt. Sie sind im Brennpunkt unserer Worte.

Ihnen wird nichts vorgespielt. Sie sehen keine Wände, die wakkeln. Sie hören nicht das falsche Geräusch einer ins Schloß fallenden Tür. Sie hören keine Sofa knarren. Sie sehen keine Erscheinungen. Sie haben keine Geschichte. Sie sehen kein Bild von etwas. Sie sehen auch nicht die Andeutung eines Bildes. Sie sehen keine Bilderrätsel. Sie sehen auch kein leeres Bild. Die Leere dieser Bühne ist kein Bild von einer anderen Leere. Die Leere dieser Bühne bedeutet nichts. Diese Bühne ist leer, weil Gegenstände uns im Weg wären. Sie ist leer, weil wir keine Gegenstände brauchen. Diese Bühne stellt nichts dar. Sie stellt keine andere Leere dar. Die Bühne ist leer. Sie sehen keine Gegenstände, die andere Gegenstände vortäuschen. Sie sehen keine Dunkelheit, die eine andere Dunkelheit vortäuscht. Sie sehen keine Helligkeit, die eine andere Helligkeit vortäuscht. Sie sehen kein Licht, das ein anderes Licht vortäuscht. Sie hören keine Geräusche, die andere Geräusche vortäuschen. Sie sehen keinen Raum, der einen anderen Raum vortäuscht. Sie erleben hier keine Zeit, die eine andere Zeit bedeutet. Hier auf der Bühne ist die Zeit keine andre als die bei Ihnen. Wir haben die gleiche Ortszeit. Wir befinden uns an den gleichen Orten. Wir atmen die gleiche Luft. Wir sind im gleichen Raum. Hier ist keine andere Welt als bei Ihnen. Die Rampe ist keine Grenze. Sie ist nicht nur manchmal keine Grenze. Sie ist keine Grenze die ganze Zeit, während wir zu Ihnen sprechen. Hier ist kein unsichtbarer Kreis. Hier ist kein Zauberkreis. Hier ist kein Spielraum. Wir spielen nicht. Wir sind alle im selben Raum. Die Grenze ist nicht durchbrochen, sie ist nicht durchlässig, sie ist gar nicht vorhanden. Zwischen Ihnen und uns ist kein Strahlungsgürtel. Wir sind keine selbstbeweglichen Requisiten. Wir sind nicht die Bilder von etwas. Wir sind keine Darsteller. Wir stellen nichts dar. Wir stellen nichts vor. Wir tragen keine Decknamen. Unser Herzschlag bedeutet keinen anderen Herzschlag. Unsere markerschütternden Schreie bedeuten keine anderen markerschütternden Schreie. Wir treten nicht aus den Rollen heraus. Wir haben keine Rollen. Wir sind wir. Wir sind das Sprachrohr des Autors. Sie können sich kein Bild von uns machen. Sie brauchen sich kein Bild von uns zu machen. Wir sind wir. Unsere Meinung braucht sich mit der des Autors nicht zu decken.

Das Licht, das uns beleuchtet, hat nichts zu bedeuten. Auch die Kleidung, die wir tragen, hat nichts zu bedeuten. Sie zeigt nichts, sie sticht nicht ab, sie bedeutet nichts. Sie will Ihnen keine andere Zeit bedeuten, kein anderes Klima, keine andere Jahreszeit, keinen anderen Breitengrad, keinen anderen Anlaß, sie zu tragen. Sie hat keine Funktion. Auch unsere Gesten haben keine Funktion, die Ihnen etwas bedeuten soll. Das ist kein Welttheater.

Wir sind keine Spaßmacher. Es gibt keine Gegenstände hier, über die wir stolpern könnten. Die Tücke des Objekts ist nicht eingeplant. Die tückischen Gegenstände spielen nicht mit, weil nicht mit Ihnen gespielt wird. Die Gegenstände dienen nicht dazu, tückisch zu spielen, sie sind tückisch. Wenn wir hier stolpern, stolpern wir absichtslos. Absichtslos ist auch ein Fehler an unserer Kleidung, absichtslos sind unsere vielleicht lächerlichen Gesichter. Auch Versprecher, die Sie erheitern, sind unbeabsichtigt. Wenn wir stottern, stottern wir ohne unsere Absicht. Das Herunterfallen eines Taschentuchs können wir nicht in das Spiel einbeziehen. Wir spielen nicht. Wir können die Tücke der Objekte nicht in ein Spiel einbeziehen. Wir können die Tücke der Objekte nicht retouchieren. Wir können nicht zweideutig sein. Wir können nicht vieldeutig sein. Wir sind keine Clowns. Wir sind in keiner Arena. Sie genießen nicht das Machtgefühl der Umzingler. Sie genießen nicht die

Komik der Hinteransicht. Sie genießen nicht die Komik der tückischen Objekte. Sie genießen die Komik der Worte.

Hier werden die Möglichkeiten des Theaters nicht genutzt. Der Bereich der Möglichkeiten wird nicht ausgemessen. Das Theater wird nicht entfesselt. Das Theater wird gefesselt. Das Schicksal ist hier ironisch gemeint. Wir sind nicht theatralisch. Unsere Komik ist nicht umwerfend. Ihr Lachen kann nicht befreiend sein. Wir sind nicht spielfreudig. Wir spielen Ihnen keine Welt vor. Das ist nicht die Hälfte einer Welt. Wir bilden nicht zwei Welten.

Sie sind das Thema. Sie stehen im Mittelpunkt des Interesses. Hier wird nicht gehandelt, hier werden Sie behandelt. Das ist kein Wortspiel. Hier werden Sie nicht als Einzelmenschen behandelt. Sie sind hier nicht einzeln. Sie haben hier keine besonderen Kennzeichen. Sie haben keine besonderen Physiognomien. Sie sind hier kein Individuum. Sie haben keine Charakteristiken. Sie haben kein Schicksal. Sie haben keine Geschichte. Sie haben keine Vergangenheit. Sie sind kein Steckbrief. Sie haben keine Lebenserfahrung. Sie haben hier Theatererfahrung. Sie haben das gewisse Etwas. Sie sind Theaterbesucher. Sie interessieren nicht wegen Ihrer Eigenschaften. Sie interessieren in Ihrer Eigenschaft als Theaterbesucher. Sie bilden hier als Theaterbesucher ein Muster. Sie sind keine Persönlichkeiten. Sie sind keine Einzahl. Sie sind eine Mehrzahl von Personen. Ihre Gesichter zeigen in eine Richtung. Sie sind ausgerichtet. Ihre Ohren hören dasselbe. Sie sind ein Ereignis. Sie sind das Ereignis.

Sie werden von uns gemustert. Sie bilden aber kein Bild. Sie sind nicht symbolisch. Sie sind ein Ornament. Sie sind ein Muster. Sie haben Merkmale, die alle hier haben. Sie haben allgemeine Merkmale. Sie sind eine Gattung. Sie bilden ein Muster. Sie tun das gleiche und Sie tun das gleiche nicht: Sie schauen in eine Richtung. Sie stehen nicht auf und schauen nicht in verschiedene Richtungen. Sie sind ein Muster und Sie haben ein Muster. Sie haben eine Mustervorstellung, mit der Sie hierher ins Theater gekommen sind. Sie haben die Mustervorstellung, daß hier oben ist und daß bei Ihnen unten ist. Sie haben die Vorstellung von zwei Welten. Sie haben die Mustervorstellung von der Welt des Theaters.

Jetzt brauchen Sie dieses Muster nicht. Sie wohnen hier keinem Theaterstück bei. Sie wohnen nicht bei. Sie sind im Blickpunkt. Sie sind im Brennpunkt. Sie werden angefeuert. Sie können Feuer fangen. Sie brauchen kein Muster. Sie sind das Muster. Sie sind entdeckt. Sie sind die Entdeckung des Abends. Sie feuern uns an. Unsere Worte entzünden sich an Ihnen. Von Ihnen springt der Funke über zu uns.

Dieser Raum täuscht keinen Raum vor. Die offene Seite zu Ihnen ist nicht die vierte Wand eines Hauses. Hier braucht die Welt nicht aufgeschnitten zu werden. Sie sehen hier keine Türen. Sie sehen nicht die zwei Türen der alten Dramen. Sie sehen nicht die Hintertür, durch die der, der nicht gesehen werden soll, hinausschlüpfen kann. Sie sehen nicht die Vordertür, durch die der hereinkommt, der den sehen will, der nicht gesehen werden soll. Es gibt keine Hintertür. Es gibt auch nicht keine Tür wie in neueren Dramen. Die Abwesenheit einer Tür stellt nicht die Abwesenheit einer Tür dar. Hier ist keine andere Welt. Wir tun nicht so, als ob Sie nicht anwesend wären. Sie sind nicht Luft für uns. Sie sind für uns lebenswichtig, weil Sie anwesend sind. Wir sprechen gerade um Ihrer Anwesenheit willen. Ohne Ihre Anwesenheit würden wir ins Leere sprechen. Sie sind nicht stillschweigend vorausgesetzt. Sie sind nicht die stillschweigend vorausgesetzten Lauscher hinter der Wand. Sie spähen nicht durch ein Schlüsselloch. Wir tun nicht so, als ob wir allein auf der Welt wären. Wir explizieren uns nicht voreinander, um dadurch nur Sie aufzuklären. Wir veranstalten nicht zu Ihrer Aufklärung eine Mauerschau. Wir brauchen keine Kunstgriffe, um Sie aufzuklären. Wir brauchen keine Kunstgriffe. Wir brauchen nicht theaterwirksam zu sein. Wir haben keine Auftritte, wir haben keine Abgänge, wir sprechen nicht beiseite zu Ihnen. Wir erzählen Ihnen nichts. Kein Dialog bahnt sich an. Wir stehen nicht im Dialog. Wir stehen auch nicht im Dialog mit Ihnen. Wir wollen mit Ihnen in keinen Dialog treten. Sie sind keine Mitwisser. Sie sind keine Augenzeugen eines Geschehens. Wir führen keine Seitenhiebe gegen Sie. Sie brauchen nicht mehr apathisch zu sein. Sie brauchen nicht mehr tatenlos zuzuschauen. Es geschehen hier keine Taten. Sie empfinden das Unbehagen derer, die angeschaut und angesprochen werden, wenn Sie von vorneherein bereit waren, selber im Dunkeln zu schauen und es sich behaglich zu machen. Ihre Anwesenheit ist offen in jedem Augenblick in unseren Worten inbegriffen. Sie wird behandelt, von einem Atemzug zum andern, von einem Augenblick zum andern, von einem Wort zum andern. Ihre Vorstellung vom Theater ist keine stillschweigende Voraussetzung mehr für unser Handeln. Sie sind weder zum Zuschaun verurteilt noch zum Zuschauen freigestellt. Sie sind das Thema. Sie sind die Spielmacher. Sie sind unsere Gegenspieler. Es wird auf Sie abgezielt. Sie sind die Zielscheibe unserer Worte. Sie dienen zu Zielscheiben. Das ist eine Metapher. Sie dienen als Zielscheiben unserer Metaphern. Sie dienen zu Metaphern.

Von den beiden Polen hier sind Sie der ruhende Pol. Sie befinden sich im Zustand der Ruhe. Sie befinden sich im Zustand der Erwartung. Sie sind hier keine Subjekte. Sie sind hier Objekte. Sie sind die Objekte unserer Worte. Aber Sie sind auch Subjekte.

Hier gibt es keine Pausen. Hier sind die Pausen zwischen den Worten ohne Bedeutung. Hier sind die unausgesprochenen Worte ohne Bedeutung. Es gibt keine unausgesprochenen Worte. Das Schweigen sagt nichts aus. Es gibt keine schreiende

Stille. Es gibt keine stille Stille. Es gibt keine Totenstille. Hier wird durch das Sprechen kein Schweigen erzeugt. In dem Stück steht keine Anweisung, die uns zu schweigen heißt. Wir machen keine Kunstpausen. Unsere Pausen sind natürliche Pausen. Unsere Pausen sind nicht beredt wie das Schweigen. Wir sagen nichts durch das Schweigen. Zwischen unseren Worten tut sich kein Abgrund auf. Es gibt keine Ritzen zwischen unseren Worten. Sie können nicht zwischen den Punkten lesen. Sie können nichts von unseren Gesichtern ablesen. Unsere Gesten sagen nichts an, was zur Sache gehört. Hier wird nicht das Unsagbare durch das Schweigen gesagt. Hier gibt es keine beredten Blicke und Gesten. Hier ist das Verstummen und das Stummsein kein Kunstmittel. Hier gibt es keine stummen Buchstaben. Hier gibt es nur das stumme H. Das ist eine Pointe.

Sie haben sich bereits Ihre eigenen Gedanken gemacht. Sie haben erkannt, daß wir etwas verneinen. Sie haben erkannt, daß wir uns wiederholen. Sie haben erkannt, daß wir uns widersprechen. Sie haben erkannt, daß dieses Stück eine Auseinandersetzung mit dem Theater ist. Sie haben die dialektische Struktur dieses Stückes erkannt. Sie haben einen gewissen Widerspruchsgeist erkannt. Sie sind sich klar geworden über die Absicht des Stückes. Sie haben erkannt, daß wir vornehmlich verneinen. Sie haben erkannt, daß wir uns wiederholen. Sie erkennen. Sie durchschauen. Sie haben sich noch keine Gedanken gemacht. Sie haben die dialektische Struktur dieses Stückes noch nicht durchschaut. Jetzt durchschauen Sie. Ihre Gedanken sind um einen Gedanken zu langsam gewesen. Jetzt haben Sie Hintergedanken.

Sie sehen bezaubernd aus. Sie sehen berückend aus. Sie sehen blendend aus. Sie sehen atemberaubend aus. Sie sehen einmalig aus.

Aber Sie sind nicht abendfüllend. Sie sind kein hübscher Einfall. Sie ermüden. Sie sind kein dankbares Thema. Sie sind ein dramaturgischer Fehlgriff. Sie sind nicht lebensecht. Sie sind nicht theaterwirksam. Sie versetzen uns in keine andere Welt. Sie bezaubern uns nicht. Sie blenden uns nicht. Sie unterhalten uns nicht köstlich. Sie sind nicht spielfreudig. Sie sind nicht springlebendig. Sie haben keine Theaterpranken. Sie haben kein Gespür für das Theater. Sie haben nichts zu sagen. Ihr Debut ist nicht überzeugend. Sie sind nicht *da*. Sie lassen uns die Zeit nicht vergessen. Sie sprechen nicht den Menschen an. Sie lassen uns kalt.

Das ist kein Drama. Hier wird keine Handlung wiederholt, die schon geschehen ist. Hier gibt es nur ein Jetzt und ein Jetzt und ein Jetzt. Das ist kein Lokalaugenschein, bei dem eine Tat wiederholt wird, die einmal wirklich geschehen ist. Hier spielt die Zeit keine Rolle. Wir spielen keine Handlung, also spielen wir keine Zeit. Hier ist die Zeit wirklich, indem sie von einem Wort zum andern vergeht. Hier flieht die Zeit in den Worten. Hier wird nicht vorgegeben, daß die Zeit wiederholt werden kann. Hier kann kein Spiel wiederholt werden und zur gleichen Zeit spielen wie zuvor. Hier ist die Zeit I h r e Zeit. Hier ist der Zeitraum I h r Zeitraum. Hier können Sie die Zeit mit der unsern vergleichen. Hier ist die Zeit kein Strick mit zwei Enden. Das ist kein Lokalaugenschein. Hier wird nicht vorgegeben, daß die Zeit wiederholt werden kann. Hier ist der Nabelstrick zu Ihrer Zeit nicht abgeschnitten. Hier ist die Zeit aus dem Spiel. Hier ist es Ernst mit der Zeit. Hier wird zugegeben, daß sie vergeht, von einem Wort zum andern. Hier wird zugegeben, daß dies I h r e Zeit ist. Hier können Sie die Zeit von Ihren Uhren ablesen. Hier herrscht keine andere Zeit. Hier ist die Zeit Herrscherin, die nach Ihrem Atem gemessen wird. Hier richtet sich die Zeit nach Ihnen. Wir messen die Zeit nach Ihren Atemzügen, nach Ihrem Wimpernzucken, nach Ihren Pulsschlägen, nach Ihrem Zellenwachstum. Hier vergeht die Zeit von Augenblick zu Augenblick. Die Zeit wird nach Augenblicken gemessen. Die Zeit wird nach I h r e n Augenblicken gemessen. Die

Zeit geht durch Ihren Magen. Hier ist die Zeit nicht wiederholbar wie im Lokalaugenschein der Theatervorstellung. Das ist keine Vorstellung: Sie brauchen sich nichts vorzustellen. Hier ist die Zeit kein Strick mit zwei Enden. Hier ist die Zeit nicht von der Außenwelt abgeschnitten. Hier gibt es nicht zwei Ebenen der Zeit. Hier gibt es keine zwei Welten. Während wir hier sind, dreht sich die Erde. Unsere Zeit hier oben ist Ihre Zeit dort unten. Sie vergeht von einem Wort zum andern. Sie vergeht, während wir, wir und Sie, atmen, während unsere Haare wachsen, während wir Schweiß absondern, während wir riechen, während wir hören. Sie ist unwiederholbar, auch wenn wir unsere Worte wiederholen, auch wenn wir wieder davon sprechen, daß unsere Zeit die Ihre ist, daß sie von einem Wort zum andern vergeht, während wir, wir und Sie, atmen, während unsere Haare wachsen, während wir Schweiß absondern, während wir riechen, während wir hören. Wir können nichts wiederholen, die Zeit vergeht schon. Sie ist unwiederholbar. Jeder Augenblick ist historisch. Jeder Augenblick von Ihnen ist ein historischer Augenblick. Wir können unsere Worte nicht zweimal sagen. Das ist kein Lokalaugenschein. Wir können nicht noch einmal das gleiche tun. Wir können nicht die gleichen Gesten wiederholen. Wir können nicht das gleiche reden. Die Zeit vergeht uns auf den Lippen. Die Zeit ist unwiederholbar. Die Zeit ist kein Strick. Das ist kein Lokalaugenschein. Das Vergangene wird nicht vergegenwärtigt. Die Vergangenheit ist tot und begraben. Wir brauchen keine Puppen, die die tote Zeit verkörpern. Das ist kein Puppenspiel. Das ist kein Unernst. Das ist kein Spiel. Das ist kein Ernst. Sie erkennen den Widerspruch. Die Zeit dient hier zum Wortspiel.

Das ist kein Manöver. Das ist keine Übung für den Ernstfall. Niemand braucht sich hier tot zu stellen. Niemand braucht sich hier lebendig zu stellen. Hier ist nichts gestellt. Die Zahl der Verwundeten ist nicht vorgeschrieben. Das Ergebnis steht nicht auf dem Papier fest. Hier gibt es kein Ergebnis. Niemand braucht sich hier zu stellen. Wir stellen nichts anderes dar, als wir sind. Wir stellen an uns keinen anderen Zustand dar als den, in dem wir uns jetzt und hier befinden. Das ist kein Manöver. Wir spielen nicht uns selber in anderen Lagen. Es ist an keinen Ernstfall gedacht. Wir brauchen nicht unseren Tod darzustellen. Wir brauchen nicht unser Leben darzustellen. Wir spielen nicht im voraus, was und wie wir sein werden. Wir vergegenwärtigen im Spiel keine Zukunft. Wir stellen keine andere Zeit dar. Wir spielen keinen Ernstfall. Wir sprechen, während die Zeit vergeht. Wir sprechen davon, daß die Zeit vergeht. Wir sprechen vom Vergehen der Zeit. Wir tun nicht so als ob. Wir tun weder so, als ob wir die Zeit wiederholen, noch so, als ob wir die Zeit vorwegnehmen könnten. Das ist weder ein Lokalaugenschein noch ein Manöver. Andrerseits tun wir als ob. Wir tun, als ob wir Worte wiederholen könnten. Wir wiederholen uns scheinbar. Hier ist die Welt des Scheins. Hier ist Schein Schein. Schein ist hier Schein.

Sie stellen etwas dar. Sie sind jemand. Hier sind Sie etwas. Hier sind Sie nicht jemand, sondern etwas. Sie sind eine Gesellschaft, die eine Ordnung bildet. Sie sind eine Theatergesellschaft. Sie sind eine Ordnung durch die Beschaffenheit Ihrer Kleidung, durch die Haltung Ihrer Körper, durch die Richtung Ihrer Blicke. Die Farben Ihrer Kleidung schlagen sich nicht mit den Farben Ihrer Sitzgelegenheiten. Sie bilden auch eine Ordnung mit den Sitzgelegenheiten. Sie sind hier verkleidet. Sie beachten durch Ihre Kleidung eine Ordnung. Sie verkleiden sich. Indem Sie sich verkleiden, zeigen Sie, daß Sie etwas tun, was nicht alltäglich ist. Sie betreiben einen Mummenschanz, um einem Mummenschanz beizuwohnen. Sie wohnen bei. Sie schauen. Sie starren. Indem Sie schauen, erstarren Sie. Die Sitzgelegenheiten begünstigen diesen Vorgang. Sie sind etwas, das schaut. Sie brauchen Platz für Ihre Augen. Ist der Vorhang zu, bekommen Sie allmählich Platzangst. Sie haben keinen Blickpunkt. Sie fühlen sich eingekreist. Sie fühlen sich befangen.

Das Aufgehen des Vorhangs vertreibt nur die Platzangst. Deshalb erleichtert es Sie. Sie können schauen. Ihr Blick wird frei. Sie werden unbefangen. Sie können beiwohnen. Sie sind nicht mitten drin wie beim geschlossenen Vorhang. Sie sind nicht mehr jemand. Sie werden etwas. Sie sind nicht mehr mit sich allein. Sie sind nicht mehr sich selber überlassen. Sie sind nur noch dabei. Sie sind ein Publikum. Das erleichtert Sie. Sie können beiwohnen.

Hier oben gibt es jetzt keine Ordnung. Es gibt keine Dinge, die Ihnen eine Ordnung zeigen. Die Welt ist hier weder heil noch aus den Fugen. Das ist keine Welt. Die Requisiten haben hier keinen Platz. Ihre Stellung auf der Bühne ist nicht vorgezeichnet. Weil sie nicht vorgezeichnet ist, gibt es hier oben jetzt keine Ordnung. Es gibt keine Kreidezeichen für den Standpunkt der Dinge. Es gibt keine Gedächtnisstützen für den Standpunkt der Personen. Im Gegensatz zu Ihnen und Ihren Sitzgelegenheiten ist hier nichts an seinem Ort. Die Dinge haben hier keine Orte, die festgesetzt sind wie die Orte Ihrer Sitzgelegenheiten dort unten. Diese Bühne ist keine Welt, so wie die Welt keine Bühne ist.

Hier hat auch nicht jedes Ding seine Zeit. Kein Ding hat hier seine Zeit. Hier hat kein Ding seine festgesetzte Zeit, zu der es als Requisit dient oder zu der es im Weg stehen muß. Hier werden die Dinge nicht benutzt. Hier wird nicht so getan, als ob die Gegenstände benutzt würden. Hier sind die Gegenstände nützlich.

Sie stehen nicht. Sie benützen die Sitzgelegenheiten. Sie sitzen. Da Ihre Sitzgelegenheiten ein Muster bilden, bilden auch Sie ein Muster. Es gibt keine Stehplätze. Der Kunstgenuß ist für Leute, die sitzen, wirksamer als für Leute, die stehen. Deshalb sitzen Sie. Sie sind freundlicher, wenn Sie sitzen. Sie sind empfänglicher. Sie sind aufgeschlossener. Sie sind duldsamer. Sie sind im Sitzen gelassener. Sie sind demokratischer. Sie langweilen sich weniger. Die Zeit wird Ihnen weniger lang. Sie lassen mehr mit sich geschehen. Sie sind hellsichtiger. Sie werden weniger abgelenkt. Sie vergessen eher Ihre Umwelt. Die Welt versinkt eher um Sie. Sie werden einander ähnlicher. Sie verlieren Ihre Eigenschaften. Sie verlieren die Merkmale, die Sie voneinander unterscheiden. Sie werden eine Einheit. Sie werden ein Muster. Sie werden eins. Sie verlieren Ihr Selbstbewußtsein. Sie werden Zuschauer. Sie werden Zuhörer. Sie werden apathisch. Sie werden Augen und Ohren. Sie vergessen, auf die Uhr zu schauen. Sie vergessen sich.

Im Stehen könnten Sie besser als Zwischenrufer wirken. Gemäß der Anatomie des Körpers könnten Ihre Zwischenrufe im Stehen kräftiger sein. Sie könnten besser die Fäuste ballen. Sie könnten Ihren Widerspruchsgeist zeigen. Sie hätten größere Bewegungsfreiheit. Sie müßten weniger gesittet sein. Sie könnten von einem Bein auf das andere treten. Sie könnten sich Ihres Körpers eher bewußt werden. Ihr Kunstgenuß würde geschmälert werden. Sie würden kein Muster mehr bilden. Sie würden Ihre Starre verlieren. Sie würden Ihre Geometrie verlieren. Sie würden mehr die Ausdünstungen der Körper neben Ihnen riechen. Sie könnten mehr durch Anstoßen Ihre übereinstimmenden Meinungen zeigen. Im Stehen würde nicht die Trägheit der Körper Sie vom Gehen abhalten. Im Stehen wären Sie individueller. Sie wären standhafter gegen das Theater. Sie würden sich weniger Illusionen machen. Sie würden sich mehr Illusionen machen. Sie würden mehr unter der Gedankenflucht leiden. Sie wären mehr außenstehend. Sie könnten sich mehr sich selber überlassen. Sie könnten sich weniger gut dargestellte Vorgänge als wirklich vorstellen. Die Vorgänge hier wären Ihnen weniger wirklichkeitsnah. Im Stehen könnten sie sich zum Beispiel weniger gut ein auf der Bühne dargestelltes Sterben als wirklich vorstellen. Sie wären weniger starr. Sie ließen sich weniger bannen. Sie ließen sich weniger vormachen. Sie würden sich mit Ihrer Eigenschaft als bloßer Zuschauer nicht abfinden. Sie könnten zwiespältiger sein. Sie könnten mit Ihren Gedanken an zwei Orten zugleich sein. Sie könnten in zwei Zeiträumen leben.

Wir wollen Sie nicht anstecken. Wir wollen Sie zu keiner Kundgebung von Gefühlen anstecken. Wir spielen keine Gefühle. Wir verkörpern keine Gefühle. Wir lachen nicht, wir weinen nicht. Wir wollen Sie nicht durch das Lachen zum Lachen anstecken oder durch das Lachen zum Weinen oder durch das Weinen zum Lachen oder durch das Weinen zum Weinen. Obwohl das Lachen ansteckender ist als das Weinen, stecken wir sie nicht durch das Lachen zum Lachen an. Undsoweiter. Wir spielen nicht. Wir spielen nichts. Wir modulieren nicht. Wir gestikulieren nicht. Wir äußern uns durch nichts als durch Worte. Wir sprechen nur. Wir äußern. Wir äußern nicht uns, sondern die Meinung des Autors. Wir äußern uns, indem wir sprechen. Unser Sprechen ist unser Handeln. Indem wir sprechen, werden wir theatralisch. Wir sind theatralisch, weil wir in einem Theater sprechen. Indem wir immer zu Ihnen sprechen und indem wir zu Ihnen von der Zeit sprechen, von jetzt und von jetzt und von jetzt, beachten wir die Einheit von Zeit, Ort und Handlung. Diese Einheit aber beachten wir nicht nur hier auf der Bühne. Da die Bühne keine eigene Welt ist, beachten wir sie auch unten bei Ihnen. Wir und Sie bilden eine Einheit, indem wir ununterbrochen und unmittelbar zu Ihnen sprechen. Statt Sie könnten wir also unter bestimmten Voraussetzungen auch wir sagen. Das bedeutet die Einheit der Handlung. Die Bühne hier oben und der Zuschauerraum bilden eine Einheit, indem sie nicht mehr zwei Ebenen bilden. Es gibt keinen Strahlungsgürtel. Es gibt hier nicht zwei Orte. Hier gibt es nur einen Ort. Das bedeutet die Einheit des Ortes. Ihre Zeit, die Zeit der Zuschauer und Zuhörer, und unsere Zeit, die Zeit der Sprecher, bilden eine Einheit, indem hier keine andere Zeit als die Ihre abläuft. Hier gibt es nicht die Zweiteilung in eine gespielte Zeit und in eine Spielzeit. Hier wird die Zeit nicht gespielt. Hier gibt es nur die wirkliche Zeit. Hier gibt es nur die Zeit, die wir, wir und Sie, am eigenen Leibe erfahren. Hier gibt es nur eine Zeit. Das bedeutet die Einheit der Zeit. Alle drei erwähnten Umstände zusammen bedeuten die Einheit von Zeit, Ort und Handlung. Dieses Stück ist also klassisch.

Dadurch, daß wir zu Ihnen sprechen, können Sie sich Ihrer bewußt werden. Weil wir Sie ansprechen, gewinnen Sie an Selbstbewußtsein. Sie werden sich bewußt, daß Sie sitzen. Sie werden sich bewußt, daß Sie in einem Theater sitzen. Sie werden sich Ihrer Gliedmaßen bewußt. Sie werden sich der Lage Ihrer Gliedmaßen bewußt. Sie werden sich Ihrer Finger bewußt. Sie werden sich Ihrer Zungen bewußt. Sie werden sich Ihres Rachens bewußt. Sie werden sich der Schwere Ihres Kopfes bewußt. Sie werden sich Ihrer Geschlechtsorgane bewußt. Sie werden sich des Zuckens Ihrer Augenlider bewußt. Sie werden sich Ihrer Schluckbewegungen bewußt. Sie werden sich des Rinnens Ihres Speichels bewußt. Sie werden sich Ihres Herzschlags bewußt. Sie werden sich des Hebens Ihrer Augenbrauen bewußt. Sie werden sich des Kribbelns Ihrer Kopfhaut bewußt. Sie werden sich Ihrer Juckreize bewußt. Sie werden sich Ihrer Schweißausbrüche unter den Achseln bewußt. Sie werden sich des Schwitzens Ihrer Hände bewußt. Sie werden sich der Trockenheit Ihrer Hände bewußt. Sie werden sich des durch Mund und Nase aus- und eingehenden Atems bewußt. Sie werden sich des Eintritts unserer Worte in die Ohren bewußt. Sie werden geistesgegenwärtig.

Versuchen Sie, nicht mit den Wimpern zu zucken. Versuchen Sie, nicht mehr zu schlucken. Versuchen Sie, die Zunge nicht mehr zu bewegen. Versuchen Sie, nichts mehr zu hören. Versuchen Sie, nichts mehr zu riechen. Versuchen Sie, keinen Speichel mehr zu sammeln. Versuchen Sie, nicht mehr zu schwitzen. Versuchen Sie, sich auf Ihrem Platz nicht mehr zu bewegen. Versuchen Sie, nicht mehr zu atmen.

Sie atmen ja. Sie sammeln ja Speichel. Sie hören ja zu. Sie riechen ja. Sie schlucken ja. Sie zucken ja mit den Wimpern. Sie stoßen ja auf. Sie schwitzen ja. Sie haben ja ein großes Selbstbewußtsein.

Blinzeln Sie nicht. Sammeln Sie keinen Speichel. Zucken Sie nicht mit den Wimpern. Ziehen Sie nicht den Atem ein. Stoßen Sie nicht den Atem aus. Bewegen Sie sich nicht mehr auf Ihrem Platz. Hören Sie uns nicht zu. Riechen Sie nicht. Schlucken Sie nicht. Halten Sie den Atem an.

Schlucken Sie. Sammeln Sie Speichel. Blinzeln Sie. Hören Sie. Atmen Sie.

Sie sind sich jetzt Ihrer Gegenwart bewußt. Sie wissen, daß es Ihre Zeit ist, die Sie hier verbringen. Sie sind das Thema. Sie schürzen den Knoten. Sie lösen den Knoten. Sie sind der Mittelpunkt. Sie sind die Anlässe. Sie sind die Ursachen. Sie sind das auslösende Moment. Sie dienen hier zu Worten. Sie sind die Spielmacher und die Gegenspieler. Sie sind die jugendlichen Komiker, Sie sind die jugendlichen Liebhaber, Sie sind die Naiven, Sie sind die Sentimentalen. Sie sind die Salondamen. Sie sind die Charakterdarsteller, Sie sind die Bonvivants und die Helden. Sie sind die Helden und Bösewichte. Sie sind die Bösewichte und Helden dieses Stücks.

Bevor Sie hierhergegangen sind, haben Sie die gewissen Vorkehrungen getroffen. Sie sind mit gewissen Vorstellungen hierhergekommen. Sie sind ins Theater gegangen. Sie haben sich darauf vorbereitet, ins Theater zu gehen. Sie haben gewisse Erwartungen gehabt. Sie sind mit den Gedanken der Zeit vorausgeeilt. Sie haben sich etwas vorgestellt. Sie haben sich auf etwas eingerichtet. Sie haben sich darauf eingerichtet, bei etwas dabeizusein. Sie haben sich darauf eingerichtet, Platz zu nehmen, auf dem gemieteten Platz zu sitzen und etwas beizuwohnen. Sie haben vielleicht von dem Stück hier gehört. Sie haben also Vorkehrungen getroffen und sich auf etwas gefaßt gemacht. Sie haben die Dinge auf sich zukommen lassen. Sie sind bereit gewesen zu sitzen und sich etwas bieten zu lassen.

Ihr Atem ist noch verschieden von dem unsern gewesen. Sie haben auf verschiedene Arten Ihre Toilette gemacht. Sie haben sich auf verschiedene Arten in Bewegung gesetzt. Sie haben sich aus verschiedenen Richtungen diesem Ort hier genähert. Sie haben die öffentlichen Verkehrsmittel benutzt. Sie sind zu Fuß gegangen. Sie sind mit dem eigenen Verkehrsmittel gefahren. Zuvor hatten Sie auf Uhren geschaut. Sie hatten Anrufe erwartet, Sie hatten Hörer abgehoben, Sie hatten Lichter angedreht, Sie hatten Lichter abgedreht, Sie hatten Türen geschlossen, Sie hatten Schlüssel gedreht, Sie waren ins Freie getreten. Sie haben die Beine bewegt. Sie haben die Arme beim Gehen auf und ab fallen lassen. Sie sind gegangen. Sie sind aus verschiedenen Richtungen alle in eine Richtung gegangen. Mit Ihrem Ortsinn haben Sie hierhergefunden.

Sie haben sich durch Ihre Absicht von anderen unterschieden, die nach anderen Orten unterwegs waren. Sie haben sich durch Ihre Absicht von anderen unterschieden, die nach anderen Orten unterwegs waren. Sie haben schon durch Ihre Absicht mit den andern, die hierher unterwegs waren, eine Einheit gebildet. Sie haben das gleiche Ziel gehabt. Sie haben für eine bestimmte Zeit eine gemeinsame Zukunft mit andern vor sich gehabt.

Sie haben Verkehrslinien überquert. Sie haben nach links und nach rechts geschaut. Sie haben die Verkehrszeichen beachtet. Sie haben anderen zugenickt. Sie sind stehengeblieben. Sie haben Auskünfte über Ihr Ziel gegeben. Sie haben von Ihrer Erwartung erzählt. Sie haben Ihre Vermutungen über das Stück mitgeteilt. Sie haben Ihre Meinung über das Stück gesagt. Sie haben sich Meinungen über das Stück sagen lassen. Sie haben Hände geschüttelt. Sie haben sich Vergnügen wünschen lassen. Sie haben Schuhe abgestreift. Sie haben Türen aufgehalten. Sie haben sich Türen aufhalten lassen. Sie haben andere Theaterbesucher getroffen. Sie haben sich als Mitwisser gefühlt. Sie haben Höflichkeitsregeln beachtet. Sie haben aus dem Mantel geholfen. Sie haben sich aus dem Mantel helfen lassen. Sie sind herumgestanden. Sie sind herumgegangen. Sie haben die Klingelsignale gehört. Sie sind unruhig geworden. Sie haben sich in Spiegeln gesehen. Sie haben Ihre Toiletten überprüft. Sie haben Seitenblicke geworfen. Sie haben Seitenblicke gemerkt. Sie sind gegangen. Sie sind geschritten. Ihre Bewegungen sind formeller geworden. Sie haben die Klingelsignale gehört. Sie haben auf Uhren geschaut. Sie sind Verschwörer geworden. Sie haben Platz genommen. Sie haben um sich geschaut. Sie haben sich zurechtgesetzt. Sie haben die Klingelsignale gehört. Sie haben zu plaudern aufgehört. Sie haben die Blicke ausgerichtet. Sie haben die Gesichter gehoben. Sie haben Atem geholt. Sie haben das Licht schwinden sehen. Sie sind verstummt. Sie haben das Schließen der Türen gehört. Sie haben auf den Vorhang gestarrt. Sie haben gewartet. Sie sind starr geworden. Sie haben sich nicht mehr bewegt. Dafür hat sich der Vorhang zu bewegen begonnen. Sie haben das Schleifen des Vorhangs gehört. Er hat Ihrem Blick die Bühne frei gegeben. Alles ist wie immer gewesen. Ihre Erwartungen sind nicht enttäuscht worden. Sie sind bereit gewesen. Sie haben sich in Ihren Sitzen zurückgelehnt. Das Spiel hat beginnen können.

Sie waren auch sonst bereit. Sie waren eingespielt. Sie lehnten sich in Ihren Sitzen zurück. Sie nahmen wahr. Sie folgten. Sie verfolgten. Sie ließen geschehen. Sie ließen hier oben etwas geschehen, was längst schon geschehen war. Sie schauten der Vergangenheit zu, die in Dialogen und Monologen eine Gegenwart vortäuschte. Sie ließen sich vor vollendete Tatsachen stellen. Sie ließen sich gefangennehmen. Sie ließen sich bannen. Sie vergaßen, wo Sie waren. Sie vergaßen die Zeit. Sie wurden starr und Sie blieben starr. Sie bewegten sich nicht. Sie handelten nicht. Sie kamen nicht einmal nach vorne, um besser zu sehen. Sie folgten keinem natürlichen Antrieb. Sie schauten zu, wie Sie einem Lichtstrahl zuschauen, der schon längst, bevor Sie schauen, erzeugt worden ist. Sie schauten in einen toten Raum. Sie schauten auf tote Punkte. Sie erlebten eine tote Zeit. Sie hörten eine tote Sprache. Sie befanden sich selber in einem toten Raum und in einer toten Zeit. Es herrschte Windstille. Kein Lüftchen regte sich. Sie bewegten sich nicht. Sie starrten. Die Strecke zwischen Ihnen und uns war unendlich. Wir waren unendlich von Ihnen entfernt. Wir bewegten uns in unendlicher Ferne von Ihnen. Wir hatten unendlich vor Ihnen gelebt. Wir lebten hier oben auf der Bühne vor jeder Zeit. Ihre Blicke und unsere Blicke trafen sich im Unendlichen. Ein unendlicher Zwischenraum war zwischen uns. Wir spielten. Aber wir spielten nicht mit Ihnen. Sie sind hier immer die Nachwelt gewesen.

Hier wurde gespielt. Hier wurde Sinn gespielt. Hier wurde Unsinn mit Bedeutung gespielt. Die Spiele hier hatten einen Hintergrund und einen Untergrund. Sie waren doppelbödig. Sie waren nicht das, was sie waren. Sie waren nicht das, was sie schienen. Es war bei ihnen etwas dahinter. Die Dinge und Handlungen schienen zu sein, aber sie waren nicht. Sie schienen so zu sein, wie sie schienen, aber sie waren anders. Sie schienen nicht zu scheinen wie in einem reinen Spiel, sie schienen neu zu sein. Sie schienen Wirklichkeit zu sein. Die Spiele hier waren nicht Zeitvertreib, oder sie waren nicht Zeitvertreib allein. Sie waren Bedeutung. Sie waren nicht zeitlos wie die reinen Spiele, in ihnen verging eine unwirkliche Zeit. Die offensichtliche Bedeutungslosigkeit mancher Spiele machte gerade ihre versteckte Bedeutung aus. Selbst die Späße der

Spaßmacher hatten auf diesen Brettern eine tiefere Bedeutung. Immer gab es einen Hinterhalt. Immer lauerte etwas zwischen Worten, Gesten und Requisiten und wollte Ihnen etwas bedeuten. Immer war etwas zweideutig und mehrdeutig. Immer ging etwas vor sich. Es geschah etwas im Spiel, was von Ihnen als wirklich gedacht werden sollte. Immer geschahen Geschichten. Eine gespielte und unwirkliche Zeit ging vor sich. Das, was Sie sahen und hörten, sollte nicht nur das sein, was Sie sahen und hörten. Es sollte das sein, was Sie nicht sahen und nicht hörten. Alles war gemeint. Alles sagte aus. Auch was vorgab, nichts auszusagen, sagte aus, weil etwas, das auf dem Theater vor sich geht, etwas aussagt. Alles Gespielte sagte etwas Wirkliches aus. Es wurde nicht um des Spiels, sondern um der Wirklichkeit willen gespielt. Sie sollten hinter dem Spiel eine gespielte Wirklichkeit entdecken. Sie sollten etwas heraushören. Nicht ein Spiel wurde gespielt, eine Wirklichkeit wurde gespielt. Die Zeit wurde gespielt. Da die Zeit gespielt wurde, wurde die Wirklichkeit gespielt. Das Theater spielte Tribunal. Das Theater spielte Arena. Das Theater spielte moralische Anstalt. Das Theater spielte Träume. Das Theater spielte kultische Handlungen. Das Theater spielte einen Spiegel für Sie. Das Spiel ging über das Spiel hinaus. Es deutete auf die Wirklichkeit. Es wurde unrein. Es bedeutete. Statt daß die Zeit aus dem Spiel geblieben wäre, spielte sich eine unwirkliche und unwirksame Zeit ab. Mit der unwirklichen Zeit spielte sich eine unwirkliche Wirklichkeit ab. Sie war nicht da, sie wurde Ihnen nur bedeutet, sie spielte sich ab. Hier geschah weder Wirklichkeit noch Spiel. Wäre ein reines Spiel gespielt worden, so hätte man die Zeit außer acht lassen können. In einem reinen Spiel gibt es keine Zeit. Da aber eine Wirklichkeit gespielt wurde, wurde auch die zugehörige Zeit nur gespielt. Wäre hier ein reines Spiel gespielt worden, so hätte es hier nur die Zeit der Zuschauer gegeben. Da hier aber die Wirklichkeit im Spiel war, gab es hier immer zwei Zeiten, Ihre Zeit, die Zeit der Zuschauer, und die gespielte Zeit, die scheinbar die wirkliche war. Aber die

Zeit läßt sich nicht spielen. Sie läßt sich in keinem Spiel wiederholen. Die Zeit ist unwiederbringlich. Die Zeit ist unwiderstehlich. Die Zeit ist unspielbar. Die Zeit ist wirklich. Sie kann nicht als wirklich gespielt werden. Da die Zeit nicht gespielt werden kann, kann auch die Wirklichkeit nicht gespielt werden. Nur ein Spiel, in dem die Zeit aus dem Spiel ist, ist ein Spiel. Ein Spiel, in dem die Zeit mitspielt, ist kein Spiel. Nur ein zeitloses Spiel ist ohne Bedeutung. Nur ein zeitloses Spiel ist selbstgenügsam. Nur ein zeitloses Spiel braucht die Zeit nicht zu spielen. Nur für ein zeitloses Spiel ist die Zeit ohne Bedeutung. Alle anderen Spiele sind unreine Spiele. Es gibt nur Spiele, in denen es keine Zeit gibt, oder Spiele, in denen die Zeit die wirkliche Zeit ist wie die neunzig Minuten in einem Fußballspiel, bei dem es gleichfalls nur eine Zeit gibt, weil die Zeit der Spieler auch die Zeit der Zuschauer ist. Alle anderen Spiele sind Falschspiele. Alle anderen Spiele spiegeln Ihnen falsche Tatsachen vor. In einem zeitlosen Spiel spiegeln sich keine Tatsachen.

Wir könnten Ihnen ein Zwischenspiel bringen. Wir könnten Ihnen Vorgänge vormachen, die außerhalb dieses Raums in diesen Augenblicken, während dieser Worte, während Ihres Schluckens, während Ihres Wimpernzuckens geschehen. Wir könnten die Statistik bebildern. Wir könnten darstellen, was nach der Statistik an anderen Orten geschieht zu der Zeit, da Sie hier sind. Wir könnten, indem wir sie darstellten, Ihnen diese Vorgänge vergegenwärtigen. Wir könnten sie Ihnen näherbringen. Wir brauchten nichts Vergangenes darzustellen. Wir könnten ein reines Spiel spielen. Wir könnten zum Beispiel irgendeinen nach der Statistik jetzt und jetzt geschehenden Vorgang des Sterbens darstellen. Wir könnten pathetisch werden. Wir könnten den Tod zum Pathos der Zeit erklären, von der wir immerzu sprechen. Der Tod wäre das Pathos dieser wirklichen Zeit, die Sie hierorts versitzen. Zumindest würde dieses Zwischenspiel dem Stück zu einem dramatischen Höhepunkt verhelfen.

Wir machen Ihnen aber nichts vor. Wir machen nichts nach. Wir stellen keine anderen Personen und keine anderen Vorgänge dar, auch wenn sie statistisch erwiesen sind. Wir verzichten auf ein Mienenspiel und auf ein Spiel der Gebärden. Es gibt keine Personen der Handlung und also keine Darsteller. Die Handlung ist nicht frei erfunden, denn es gibt keine Handlung. Weil es keine Handlung gibt, ist auch kein Zufall möglich. Eine Ähnlichkeit mit noch lebenden oder gerade sterbenden oder schon toten Personen ist nicht zufällig, sondern unmöglich. Denn wir stellen nichts dar und wir sind nicht andere als die, die wir sind. Wir spielen nicht einmal uns selber. Wir sprechen. Nichts ist hier erfunden. Nichts ist nachgemacht. Nichts ist Tatsache. Nichts ist Ihrer Phantasie überlassen.

Dadurch, daß wir nicht spielen und nicht spielend handeln, ist dieses Stück halb so komisch und halb so tragisch. Dadurch, daß wir nur sprechen und nicht aus der Zeit herausfallen, können wir Ihnen nichts ausmalen und nichts vorführen. Wir bebildern nichts. Wir beschwören nichts aus der Vergangenheit herauf. Wir setzen uns mit der Vergangenheit nicht auseinander. Wir setzen uns nicht mit der Gegenwart auseinander. Wir nehmen nicht die Zukunft vorweg. Wir sprechen in Gegenwart, Vergangenheit und Zukunft von der Zeit.

Deshalb können wir auch zum Beispiel auch nicht das jetzt und jetzt nach der Statistik geschehende Sterben darstellen. Wir können nicht das jetzt und jetzt geschehende Atemringen vormachen, nicht das Taumeln und Stürzen jetzt, nicht die Verkrampfung, nicht das Blecken der Zähne jetzt, nicht die letzten Worte, nicht das Seufzen jetzt, das statistisch in dieser und in dieser Sekunde geschieht, nicht das letzte Ausatmen, nicht den jetzt und jetzt geschehenden letzten Samenerguß, nicht die Atemlosigkeit, die nach der Statistik jetzt, jetzt eintritt, und jetzt, und jetzt, und jetzt, undsofort, nicht die Bewegungslosigkeit jetzt, nicht die statistisch erfaßbare Starre, nicht das ganz stille Liegen jetzt. Wir können es nicht darstellen. Wir sprechen nur davon. Wir sprechen jetzt davon.

Dadurch, daß wir nur sprechen, und dadurch, daß wir von nichts Erfundenem sprechen, können wir nicht zweideutig und vieldeutig sein. Dadurch, daß wir nichts spielen, kann es hier nicht zwei oder mehrere Ebenen und auch kein Spiel im Spiel geben. Dadurch, daß wir uns nicht gebärden und Ihnen nichts erzählen und nichts darstellen, können wir nicht poetisch sein. Dadurch, daß wir nur zu Ihnen sprechen, verlieren wir die Poesie der Vieldeutigkeit. Wir können zum Beispiel mit den erwähnten Gesten und Mienen des Sterbens nicht auch zugleich die Gesten und Mienen eines statistisch jetzt und jetzt geschehenden Geschlechtsakts zeigen. Wir können nicht zweideutig sein. Wir können auf keinem doppelten Boden spielen. Wir können uns von der Welt nicht abheben. Wir brauchen nicht poetisch zu sein. Wir brauchen Sie nicht zu hypnotisieren. Wir brauchen Ihnen nichts vorzugaukeln. Wir brauchen nicht scheinzufechten. Wir brauchen keine zweite Natur. Das ist keine Hypnose. Sie brauchen sich nichts vorzustellen. Sie brauchen nicht mit offenen Augen zu träumen. Sie sind mit der Unlogik Ihrer Träume nicht auf die Logik der Bühne angewiesen. Die Unmöglichkeiten Ihrer Träume brauchen sich nicht auf die Möglichkeiten der Bühne zu beschränken. Die Absurdität Ihrer Träume braucht nicht den realen Gesetzen der Bühne zu gehorchen. Deshalb stellen wir weder Traum noch Wirklichkeit dar. Wir reklamieren weder für das Leben noch für das Sterben, weder für die Gesellschaft noch für den einzelnen, weder für das Natürliche noch für das Übernatürliche, weder für eine Lust noch für ein Leid, weder für die Wirklichkeit noch für das Spiel. Die Zeit ruft in uns keine Elegien hervor.

Dieses Stück ist eine Vorrede. Es ist nicht die Vorrede zu einem andern Stück, sondern die Vorrede zu dem, was Sie getan haben, was Sie tun und was Sie tun werden. Sie sind das Thema.

Dieses Stück ist die Vorrede zum Thema. Es ist die Vorrede zu Ihren Sitten und Gebräuchen. Es ist die Vorrede zu Ihren Handlungen. Es ist die Vorrede zu Ihrer Tatenlosigkeit. Es ist die Vorrede zu Ihrem Liegen, zu Ihrem Sitzen, zu Ihrem Stehen, zu Ihrem Gehen. Es ist die Vorrede zu den Spielen und zum Ernst Ihres Lebens. Es ist auch die Vorrede zu Ihren künftigen Theaterbesuchen. Es ist auch die Vorrede zu allen anderen Vorreden. Dieses Stück ist Welttheater.

Sie werden sich bald bewegen. Sie werden Vorkehrungen treffen. Sie werden Vorkehrungen treffen, Beifall zu klatschen. Sie werden Vorkehrungen treffen, nicht Beifall zu klatschen. Wenn Sie Vorkehrungen zum ersten treffen, werden Sie eine Hand auf die andere schlagen, das heißt, Sie werden die eine Innenfläche auf die andere Innenfläche schlagen und diese Schläge in rascher Abfolge wiederholen. Sie werden dabei Ihren klatschenden oder nicht klatschenden Händen zuschauen können. Sie werden die Laute Ihres Klatschens hören und die Laute des Klatschens neben sich und Sie werden neben und vor sich die im Klatschen auf und ab hüpfenden Hände sehen oder Sie werden das erwartete Klatschen nicht hören und die auf und ab hüpfenden Hände nicht sehen. Sie werden dafür vielleicht andere Laute hören und selber andere Laute erzeugen. Sie werden Anstalten treffen aufzustehen. Sie werden die Sitzflächen hinter sich aufklappen hören. Sie werden unsere Verbeugungen sehen. Sie werden den Vorhang zugehen sehen. Sie werden die Geräusche des Vorhangs bei diesem Vorgang benennen können. Sie werden Ihre Programme einstecken. Sie werden Blicke austauschen. Sie werden Worte wechseln. Sie werden sich in Bewegung setzen. Sie werden Bemerkungen machen und Bemerkungen hören. Sie werden Bemerkungen verschweigen. Sie werden vielsagend lächeln. Sie werden nichtssagend lächeln. Sie werden geordnet in die Vorräume drängen. Sie werden die Hinterlegungsscheine für Ihre Garderobe vorweisen. Sie werden herumstehen. Sie werden sich in Spiegeln sehen. Sie werden einander in Mäntel helfen. Sie werden einander Türen aufhalten. Sie werden sich verabschieden. Sie werden begleiten. Sie werden begleitet werden. Sie werden ins Freie treten. Sie werden in den Alltag zurückkehren. Sie werden in verschiedene Richtungen gehen. Wenn Sie zusammenbleiben, werden Sie eine Theatergesellschaft bilden. Sie werden Gaststätten aufsuchen. Sie werden an den morgigen Tag denken. Sie werden allmählich in die Wirklichkeit zurückfinden. Sie werden die Wirklichkeit wieder rauh nennen können. Sie werden ernüchtert werden. Sie werden wieder ein Eigenleben führen. Sie werden keine Einheit mehr sein. Sie werden von einem Ort zu verschiedenen Orten gehen.

Zuvor aber werden Sie noch beschimpft werden.

Sie werden beschimpft werden, weil auch das Beschimpfen eine Art ist, mit Ihnen zu reden. Indem wir beschimpfen, können wir unmittelbar werden. Wir können einen Funken überspringen lassen. Wir können den Spielraum zerstören. Wir können eine Wand niederreißen. Wir können Sie beachten.

Dadurch, daß wir Sie beschimpfen, werden Sie uns nicht mehr zuhören, Sie werden uns anhören. Der Abstand zwischen uns wird nicht mehr unendlich sein. Dadurch, daß Sie beschimpft werden, wird Ihre Bewegungslosigkeit und Erstarrung endlich am Platz erscheinen. Wir werden aber nicht Sie beschimpfen, wir werden nur Schimpfwörter gebrauchen, die Sie gebrauchen. Wir werden uns in den Schimpfwörtern widersprechen. Wir werden niemanden meinen. Wir werden nur ein Klangbild bilden. Sie brauchen sich nicht betroffen zu fühlen. Weil Sie im voraus gewarnt sind, können Sie bei der Beschimpfung auch abgeklärt sein. Weil schon das Duwort eine Beschimpfung darstellt, werden wir von du zu du sprechen können. Ihr seid das Thema unserer Beschimpfung. Ihr werdet uns anhören, ihr Glotzaugen.

Ihr habt das Unmögliche möglich werden lassen. Ihr seid die Helden dieses Stücks gewesen. Eure Gesten sind sparsam gewesen. Ihr habt eure Figuren plastisch gemacht. Ihr habt unvergeßliche Szenen geliefert. Ihr habt die Figuren nicht gespielt, ihr seid sie gewesen. Ihr wart ein Ereignis. Ihr wart die Entdeckung des Abends. Ihr habt eure Rolle gelebt. Ihr hattet den Löwenanteil am Erfolg. Ihr habt das Stück gerettet. Ihr wart sehenswert. Euch muß man gesehen haben, ihr Rotzlecker.

Ihr seid immer dagewesen. Bei dem Stück hat auch euer redliches Bemühen nichts geholfen. Ihr wart nur Stichwortbringer. Bei euch ist das Größte durch Weglassen entstanden. Durch Schweigen habt ihr alles gesagt, ihr Gernegroße.

Ihr wart Vollblutschauspieler. Ihr begannet verheißungsvoll. Ihr wart lebensecht. Ihr wart wirklichkeitsnah. Ihr zoget alles in euren Bann. Ihr spieltet alles an die Wand. Ihr zeugtet von hoher Spielkultur, ihr Gauner, ihr Schrumpfgermanen, ihr Ohrfeigengesichter.

Kein falscher Ton kam von euren Lippen. Ihr beherrschtet jederzeit die Szene. Euer Spiel war von seltenem Adel. Eure Antlitze waren von seltenem Liebreiz. Ihr wart eine Bombenbesetzung. Ihr wart die Idealbesetzung. Ihr wart unnachahmlich. Eure Gesichter waren unvergeßlich. Eure Komik war zwerchfellerschütternd. Eure Tragik war von antiker Größe. Ihr habt aus dem vollen geschöpft, ihr Miesmacher, ihr Nichtsnutze, ihr willenlosen Werkzeuge, ihr Auswürfe der Gesellschaft.

Ihr wart wie aus einem Guß. Ihr hattet heute einen guten Tag. Ihr wart wunderbar aufeinander eingespielt. Ihr wart dem Leben abgelauscht, ihr Tröpfe, ihr Flegel, ihr Atheisten, ihr Liederjahne, ihr Strauchritter, ihr Saujuden.

Ihr habt uns ganz neue Perspektiven gezeigt. Ihr seid mit diesem Stück gut beraten gewesen. Ihr seid über euch hinausgewachsen. Ihr habt euch freigespielt. Ihr wart verinnerlicht, ihr Massenmenschen, ihr Totengräber der abendländischen Kultur, ihr Asozialen, ihr übertünchten Gräber, ihr Teufelsbrut, ihr Natterngezücht, ihr Genickschußspezialisten.

Ihr wart unbezahlbar. Ihr wart ein Orkan. Ihr habt uns den Schauder über den Rücken gejagt. Ihr habt alles weggefegt, ihr KZ-Banditen, ihr Strolche, ihr Stiernacken, ihr Kriegstreiber, ihr Untermenschen, ihr roten Horden, ihr Bestien in Menschengestalt, ihr Nazischweine.

Ihr wart die richtigen. Ihr wart atemberaubend. Ihr habt unsere Erwartungen nicht enttäuscht. Ihr wart die geborenen Schauspieler. Euch steckte die Freude am Spielen im Blut, ihr Schlächter, ihr Tollhäusler, ihr Mitläufer, ihr ewig Gestrigen, ihr Herdentiere, ihr Laffen, ihr Miststücke, ihr Volksfremden, ihr Gesinnungslumpen.

Ihr habt eine gute Atemtechnik bewiesen, ihr Maulhelden, ihr Hurrapatrioten, ihr jüdischen Großkapitalisten, ihr Fratzen, ihr Kasperl, ihr Proleten, ihr Milchgesichter, ihr Heckenschützen, ihr Versager, ihr Katzbuckler, ihr Leisetreter, ihr Nullen, ihr Dutzendwaren, ihr Tausendfüßler, ihr Überzähligen, ihr lebensunwerten Leben, ihr Geschmeiß, ihr Schießbudenfiguren, ihr indiskutablen Elemente.

Ihr seid profilierte Darsteller, ihr Maulaffenfeilhalter, ihr vaterlandslosen Gesellen, ihr Revoluzzer, ihr Rückständler, ihr Beschmutzer des eigenen Nests, ihr inneren Emigranten, ihr Defätisten, ihr Revisionisten, ihr Revanchisten, ihr Militaristen, ihr Pazifisten, ihr Faschisten, ihr Intellektualisten, ihr Nihilisten, ihr Individualisten, ihr Kollektivisten, ihr politisch Unmündigen, ihr Quertreiber, ihr Effekthascher, ihr Antidemokraten, ihr Selbstbezichtiger, ihr Applausbettler, ihr vorsintflutlichen Ungeheuer, ihr Claqueure, ihr Cliquenbildner, ihr Pöbel, ihr Schweinefraß, ihr Knicker, ihr Hungerleider, ihr Griesgräme, ihr Schleimscheißer, ihr geistiges Proletariat, ihr Protze, ihr Niemande, ihr Dingsda.

O ihr Krebskranken, o ihr Tbc-Spucker, o ihr multiplen Sklerotiker, o ihr Syphilitiker, o ihr Herzkranken, o ihr Lebergeschwellten, o ihr Wassersüchtigen, o ihr Schlagflußanfälligen, o ihr Todesursachenträger, o ihr Selbstmordkandidaten, o ihr potentiellen Friedenstoten, o ihr potentiellen Kriegstoten, o ihr potentiellen Unfallstoten, o ihr potentiellen Toten.

Ihr Kabinettstücke. Ihr Charakterdarsteller. Ihr Menschendarsteller. Ihr Welttheatraliker. Ihr Stillen im Land. Ihr Gottespülcher. Ihr Ewigkeitsfans. Ihr Gottesleugner. Ihr Volksausgaben. Ihr Abziehbilder. Ihr Meilensteine in der Geschichte des Theaters. Ihr schleichende Pest. Ihr unsterblichen Seelen. Ihr, die ihr nicht von dieser Welt seid. Ihr Weltoffenen. Ihr positiven Helden. Ihr Schwangerschaftsunterbrecher. Ihr negativen Helden. Ihr Helden des Alltags. Ihr Leuchten der Wissenschaft. Ihr vertrottelten Adeligen. Ihr verrottetes Bürgertum. Ihr gebildeten Klassen. Ihr Menschen unserer Zeit. Ihr Rufer in der Wüste. Ihr Heiligen der letzten Tage. Ihr Kinder dieser Welt. Ihr Jammergestalten. Ihr historischen Augenblicke. Ihr weltlichen und geistlichen Würdenträger. Ihr Habenichtse. Ihr Oberhäupter. Ihr Unternehmer. Ihr Eminenzen. Ihr Exzellenzen. Du Heiligkeit. Ihr Durchlauchten. Ihr Erlauchten. Ihr gekrönten Häupter. Ihr Krämerseelen. Ihr Ja-und-Nein-Sager. Ihr Neinsager. Ihr Baumeister der Zukunft. Ihr Garanten für eine bessere Welt. Ihr Unterweltler. Ihr Nimmersatt. Ihr Siebengescheiten. Ihr Neunmalklugen. Ihr Lebensbejaher. Ihr Damen und Herren ihr, ihr Persönlichkeiten des öffentlichen und kulturellen Lebens ihr, ihr Anwesenden ihr, ihr Brüder und Schwestern ihr, ihr Genossen ihr, ihr werten Zuhörer ihr, ihr Mitmenschen ihr.

Sie waren hier willkommen. Wir danken Ihnen. Gute Nacht.

Sofort fällt der Vorhang. Er bleibt jedoch nicht geschlossen, sondern geht ungeachtet des Verhaltens des Publikums sofort wieder auf. Die Sprecher stehen und blicken, ohne jemanden anzuschauen, ins Publikum. Durch Lautsprecher wird dem Publikum tosender Beifall geklatscht und wild gepfiffen; dazu könnten vielleicht Publikumsreaktionen auf ein Beatbandkonzert durch die Lautsprecher abgespielt werden. Das ohrenbetäubende Heulen und Johlen dauert an, bis das Publikum geht. Dann erst fällt endgültig der Vorhang.

AUTOACUSAÇÃO

SELBSTBEZICHTIGUNG

A Constituição do "Eu" Burguês

> *O conceito de homem que emerge da teoria freudiana é a mais irrefutável acusação à civilização ocidental – e, ao mesmo tempo, a mais inabalável defesa dessa civilização. Segundo Freud, a história do homem é a história da sua repressão.*
>
> H. MARCUSE. *Eros e Civilização*

Enquanto Freud diz que a história do homem é a história da sua repressão, Marcuse acrescenta que a repressão seria a parte essencial da história da civilização, reveladora não só dos segredos do indivíduo como daqueles da própria civilização. *Autoacusação*, a terceira Peça Falada de Handke, se enquadraria nessa definição ao procurar constituir o "eu" burguês.

Autoacusação foi publicada e apresentada pela primeira vez em 1966, sendo dedicada à atriz Lidbgart, casada na época com Peter Handke e com quem ele teve uma filha.

Na curta didascália introdutória da peça, somos informados de que se trata de uma "Peça Falada" para dois oradores – um homem e uma mulher – que falarão num microfone sem estarem representando personagens. Não há separação de textos que indique quem deve falar. As vozes podem ser alternadas ou uníssonas, abafadas ou vibrantes, tensas ou relaxadas, formando assim uma partitura harmonicamente estruturada. A musicalidade das palavras é novamente indicada, sendo uma orientação importante para qualquer produtor da peça.

Como acontece em *Insulto ao Público*, também aqui existe a orientação de que a luz seja uniforme e constante tanto na plateia como no palco. Repete-se também a ideia do tempo e do espaço compartilhados. A cortina deve permanecer suspensa mesmo após o fim da peça. Rompendo com essas convenções teatrais, o autor busca incitar o espectador para que ele tenha consciência de que está num teatro assistindo a uma peça. Esse "artificialismo" é ainda mais acentuado pelo uso do microfone e do palco sem cenário. O que interessa aqui são as palavras que são ditas.

Autoacusação pode ser dividida em três partes distintas, fazendo lembrar – como ocorre em *Insulto ao Público* – a estrutura em três movimentos de uma sinfonia:

PARTE I: do primeiro ao décimo terceiro parágrafo.
Trata do desenvolvimento do "eu".
PARTE II: do décimo quarto ao vigésimo primeiro parágrafo.
Põe em evidência o "eu" que deve aceitar e obedecer a regras, princípios e opiniões.
PARTE III: do vigésimo segundo ao quadragésimo parágrafo (a maior das três partes).
Aqui o "eu" expressa a sua necessidade de afirmação e de individualidade frente aos limites impostos pela sociedade.

Autoacusação é composta por quarenta parágrafos de tamanhos diversos que não contam, narram ou relatam uma fábula. Nesse texto há uma ordenação sequencial que sugere várias fases:

Começa com: "Eu vim ao mundo.";

Passa por um aprendizado: "Eu aprendi as palavras." E "Eu aprendi meu ofício de homem.";

Passa por vontades e desejos: "Eu pude querer uma coisa. Eu pude não querer uma coisa.";

Passa pelo "viver em sociedade": "Eu tive que aceitar as regras." e "Eu me tornei um animal social.";

Passa pelo sentimento da culpa cristã: "Eu me tornei culpado. Eu me tornei perdoável. Eu devia expiar.";

Passa por diferentes questionamentos: "Que regras da vida eu transgredi?";

Passa por afrontamentos e confrontos: "Eu demonstrei em cada um dos meus atos o respeito ou o desprezo às leis.";

Passa por manifestações socialmente incorretas: "Eu lancei detritos ao lado das lixeiras." e "Eu abri a porta do vagão antes que o trem tivesse parado.";

Passa pelo "falar demais": "Eu falei a torto e a direito." e "Eu traí as palavras.";

Passa pelo "agir sem pensar": "Eu joguei com a vida." e "Eu joguei com os sentimentos.";

Chegando até à constatação: "Eu não sou como eu fui. Eu não fui como eu teria podido ser. Eu não me tornei o que eu podia ter-me tornado."

Finalizando num curto parágrafo em que os espectadores são alertados e colocados diante do fenômeno teatral: "Eu fui ao teatro. Eu escutei esta peça. Eu falei esta peça. Eu escrevi esta peça".

Podemos ver em *Autoacusação* a constituição e a expansão do "eu burguês" e as suas tentativas de transgressão que, mesmo com caráter de vanguarda, não rompem com o "eu" que o "eu" continua sendo. Esse "eu" é um "eu" autocomplacente, um "eu" cristão, um "eu" que sabe o que fala, um "eu"/indivíduo que combate a sociedade, um "eu" que é a própria história da civilização burguesa e cristã. Tudo isso é expresso por meio de uma ladainha, uma autoacusação pública, permeada por um sentimento de culpa:

Freud atribui ao sentimento de culpa um papel decisivo no desenvolvimento da civilização; além disso, estabelece uma correlação entre progresso e um crescente sentimento de culpa. Afirma a sua intenção de "representar o sentimento de culpa como o mais importante problema na evolução da cultura e dar a entender que o preço do progresso na civilização é pago com a perda de felicidade, através da intensificação do sentimento de culpa". Freud salientou repetidamente que, à medida que a civilização avança, o sentimento de culpa é "ainda mais reforçado", "intensificado", está em "constante incremento". As provas aduzidas por Freud têm duplo aspecto: primeiro, deriva-as analiticamente da teoria dos instintos; e, segundo, encontra análise teórica corroborada pelas grandes doenças e descontentamentos da civilização contemporânea: um ciclo ampliado de guerras, perseguições ubíquas, antissemitismo, genocídio, intolerância e a imposição de "ilusões", trabalho forçado, doença e miséria, no meio de uma riqueza e conhecimento crescentes.[1]

---

1 H. Marcuse, *Eros e Civilização*, p. 83. (As aspas internas referem-se a frases e/ou palavras de Freud.)

Marcuse diz que a teoria formulada por Freud, ainda que carregada de fundamentação biológica, seria sociológica na sua essência e, portanto, teoria social. A própria civilização repressiva criaria os mecanismos e as condições para a transformação da sociedade que assim poderia extinguir a repressão. Podemos também relacionar *Autoacusação* com aquilo que Herbert Marcuse, escrevendo sobre as ideias de Freud, trata do princípio da realidade e do prazer:

> Com o estabelecimento do princípio de realidade, o ser humano que, sob o princípio do prazer, dificilmente pouco mais seria do que um feixe de impulsos animais, converte-se num ego organizado. Esforça-se por obter "o que é útil" e o que pode ser obtido sem prejuízo para si próprio e para o seu meio vital. Sob o princípio de realidade, o ser humano desenvolve a função da razão: aprende a "examinar" a realidade, a distinguir entre bom e mau, verdadeiro e falso, útil e prejudicial. O homem adquire as faculdades de atenção, memória e discernimento. Torna-se um sujeito consciente, pensante, equipado para uma racionalidade que lhe é imposta de fora. Apenas um modo de atividade mental é "separado" da nova organização do aparelho mental e conserva-se livre do domínio do princípio de realidade: é a fantasia, que está "protegida das alterações culturais" e mantém-se vinculada ao princípio de prazer. Em tudo o mais, o aparelho mental está efetivamente subordinado ao princípio de realidade. A função de "descarga motora", que, durante a supremacia do princípio de prazer, "servirá para aliviar o aparelho mental da acumulação excessiva de estímulos", é agora empregada na "alteração apropriada da realidade": é convertida em ação.[2]

No prefácio da edição de 1966, do seu livro *Eros e Civilização*, Herbert Marcuse, ao tentar conciliar marxismo com Freud e procurar unir no homem razão e sensibilidade – sujeito e objeto – escreve que a questão social da juventude em crise, numa hora de tantas indefinições e trágicas incertezas quanto ao futuro, levam esses mesmos jovens, quando interrogados e questionados, a produzirem antagonismo de gerações. Ao se opor ao estabelecido, Peter Handke comunga com Marcuse e contesta, rejeita e repele a estrutura e os valores da sociedade em que vive, refutando aquilo que a sociedade lhe reserva.

2   Ibidem, p. 35.

Para Libgart

Esta peça é uma peça falada para um orador e uma oradora. Para dizer a verdade, não há papéis. O orador e a oradora, cujas vozes se harmonizam, falam seja alternadamente, seja ao mesmo tempo. Às vezes em surdina, às vezes forte, com momentos de tensão, para formar uma partitura harmonicamente estruturada. O palco está vazio. Os dois oradores falam num microfone. A luz permanece ligada na plateia e sobre o palco. A cortina permanece suspensa. Mesmo no fim da peça, a cortina não desce.

Eu vim ao mundo.

Eu fui concebido. Eu fui gerado. Meus ossos se formaram. Eu nasci. Eu entrei no registro de nascimento. Eu cresci.

Eu comecei a espernear. Eu mexi certas partes do meu corpo. Articulei meu corpo. Eu patinhei no lugar. Eu me deixei manipular. Eu me desloquei de um lugar ao outro. Forçaram-me a me mexer. Eu comecei a andar.

Eu movimentei os lábios. Eu descobri que eu existia. Eu chamei a atenção sobre mim. Eu gritei. Eu falei. Eu ouvi ruídos. Eu reconheci os ruídos. Eu me manifestei ruidosamente. Eu emiti sons. Sons, ruídos e murmúrios. Eu podia falar. Eu podia gritar. Eu podia calar-me.

Eu vi. Eu revi o que eu tinha visto. Eu me tornei consciente. Eu reconheci o que eu tinha visto. Eu observei de mais perto o que eu tinha observado. Eu me tornei mais consciente. Eu reconheci o que eu já tinha observado.

Eu abri os olhos. Eu vi os objetos. Eu olhei para os objetos que me foram mostrados. Eu mostrei os objetos que me foram mostrados. Eu aprendi o nome desses objetos. Eu os designei pelos seus nomes. Eu aprendi a identificar os objetos que não puderam ser mostrados. Eu aprendi. Eu me lembrei. Eu me lembrei dos signos que eu aprendi. Eu vi as formas que foram colocadas na minha frente. Eu dei o mesmo nome às formas semelhantes. Eu mostrei a diferença entre as formas não semelhantes. Eu dei nome às formas ausentes. Eu aprendi temer as formas ausentes. Eu aprendi a desejar a presença das formas ausentes. Eu aprendi as palavras desejar e temer.

Eu aprendi. Eu aprendi as palavras. Eu aprendi os verbos. Eu aprendi a diferença entre ser e ter sido. Eu aprendi os substantivos. Eu aprendi a diferença entre singular e plural. Eu aprendi os advérbios. Eu aprendi a diferença entre aqui e lá. Eu aprendi os pronomes demonstrativos. Eu aprendi a diferença entre este e aquele. Eu aprendi os adjetivos. Eu aprendi a diferença entre bom e mau. Eu aprendi os possessivos. Eu aprendi a diferença entre meu e teu. Eu adquiri um certo vocabulário.

Eu me tornei objeto das frases. Eu me tornei o complemento das frases. Eu me tornei o objeto e o complemento da oração principal e da oração subordinada. Eu me tornei um movimento perpétuo de uma boca. Eu me tornei uma sequência de letras do alfabeto.

Eu disse meu nome. Eu disse Eu. Eu rastejei de quatro. Eu corri. Eu corri na direção de uma coisa. Eu fugi de alguma coisa. Eu me aprumei. Eu me agitei. Eu me tornei ativo, uma cabeça de nervos. Eu andei e formei um ângulo quase reto com a terra. Eu pulei. Eu desafiei a força da gravidade. Eu aprendi a não mais emporcalhar os meus cueiros. Eu aprendi a ter meu corpo sob meu controle. Eu aprendi a me dominar.

Eu aprendi meu ofício de homem. Eu aprendi. Andar sobre duas pernas, como um homem. Andar sobre as duas mãos, como um homem. Parar, como um homem. Ficar ereto, como um homem. Inclinar-me, como um homem. Rastejar sob o meu ventre, como um homem. Fingir de morto, como um homem. Segurar minha respiração, como um homem. Matar-me, como um homem. Cuspir, como um homem. Acenar, como um homem. Dizer não, como um homem. Fazer gestos, como um homem. Executar as ordens, como um homem. Questionar, como um homem. Responder as perguntas, como um homem. Imitar, como um homem. Seguir o bando, como um homem. Jogar, como um homem. Fazer não importa o quê, como um homem. Renegar, como um homem. Destruir, como um homem. Destruir os objetos, como um homem. Imaginar os objetos, como um homem.

Falar objetos, como um homem. Falar sobre os objetos, como um homem. Lembrar-me dos objetos, como um homem.

Eu vivi num tempo. Eu pensei no começo e no fim. Eu pensei em mim. Eu pensei nos outros. Eu me afastei da natureza. Eu me tornei contra a natureza. Eu me tornei a minha história. Eu aprendi a não mais confundir eu e você. Eu pude mostrar minha história. Eu pude dissimular minha história.

Eu pude querer uma coisa. Eu pude não querer uma coisa.

Eu mesmo me fiz. Eu me fiz tal qual eu sou. Eu me modifiquei. Eu me tornei um outro. Eu me tornei responsável pela minha história. Eu me tornei responsável pelas histórias dos outros. Eu me tornei uma história entre outras. Eu fiz o mundo à minha medida. Eu me tornei razoável.

Eu me livrei da natureza. Eu tive que aceitar as regras. Eu fui forçado. Eu tive que aceitar as contingências históricas dos homens. Eu fui forçado a agir. Eu fui forçado a conter-me. Eu tive que, às vezes, consentir. Eu aprendi as regras. Eu aprendi como uma metáfora para regras que as regras são uma armadilha. Eu aprendi que havia regras para a conduta e para o pensamento. Eu aprendi que havia regras para o interior e para o exterior. As regras para as coisas e para os homens. As regras gerais e particulares. As regras para este mundo e para a vida eterna. As regras para o ar, a água, o fogo, a terra. Eu aprendi as regras e as exceções. Eu aprendi as regras fundamentais e as regras derivadas. Eu aprendi a me sujeitar às regras. Eu me tornei um animal social.

Eu me tornei... Por obrigação. Eu aprendi a comer sozinho, evitando me sujar... Por obrigação. Eu, pouco a pouco, aceitei os hábitos dos outros; eu me livrei dos meus próprios hábitos, sobretudo os maus... Por obrigação. Eu logo consegui distinguir o quente do frio; eu parei de brincar com o fogo... Por obrigação. Eu aprendi a distinguir progressivamente o que é bom do que é mau; eu evitei o mau... Por obrigação. Eu aprendi a respeitar as regras do jogo; eu renunciei a trapacear... Por obrigação. Eu aprendi a reconhecer a ilegitimidade dos meus atos e eu me habituei a agir de acordo, evitando o mau... Por obrigação. Eu me reconheci capaz de usar o poder do sexo; eu não abusei do poder do sexo... Por obrigação.

Eu fui marcado por todas as regras. Com meu nascimento, eu fui condenado à ação. Com minha alma, eu fui maculado pelo pecado original. Com minha estrela, eu estou na lista dos vivos. Com minhas doenças, eu fui registrado nas fichas. Com meu ofício, eu figuro no registro comercial. Com meus sinais particulares, eu faço o objeto de uma descrição física.

Eu atingi minha maioridade e a capacidade de agir, de concluir um contrato, de ditar minhas últimas vontades.

Eu estava maduro para o pecado. Em seguida, veio o tempo no qual eu poderia ser traduzido pela justiça, no qual eu poderia perder minha honra, o tempo no qual eu poderia me ligar e desligar por um contrato.

Em seguida, veio o tempo das obrigações. Obrigação de fazer penitência. Obrigação de ter um domicílio. Obrigação de restituir a cada um o que lhe é devido. Obrigações fiscais. Obrigações sociais. Obrigações militares. Obrigações escolares. Submeter-se à vacinação; submeter-se ao castigo; submeter-se ao pagamento; submeter-se à educação; submeter-se à prova; submeter-se à segurança; submeter-se à carteira de identidade; submeter-se à inscrição; submeter-se à subsistência; submeter-se à execução; submeter-se à afirmação.

Eu me tornei. Eu me tornei responsável. Eu me tornei culpado. Eu me tornei perdoável. Eu devia expiar. Expiar o crime de ser o que eu sou. Expiar meu passado. Expiar o passado. Expiar meu tempo. Esse tempo que me tirou do nada e colocou-me sobre esta terra.

Que lei do tempo eu transgredi? Que ordem de razão prática eu transgredi? Que programa eu transgredi? Que leis eternas do universo eu transgredi? Que lei do submundo eu transgredi? Que regras de decência eu transgredi? Que diretrizes do partido eu transgredi? Que leis do teatro eu transgredi? Que interesses vitais eu transgredi? Que lei não dita eu transgredi? Que lei não escrita eu transgredi? Que obrigações de horário eu transgredi? Que regras da vida eu transgredi? Que regras do senso comum eu transgredi? Que regras do amor eu transgredi? Que regras do jogo eu transgredi? Que regras da cosmética eu transgredi? Que leis da arte eu transgredi? Que leis do mais forte eu transgredi? Que provérbios sobre o tempo eu transgredi? Que regras de piedade eu transgredi? Que lei dos sem lei eu transgredi? Que desejo de mudança eu transgredi? Que lei desse mundo e do além eu transgredi? Que regras de ortografia eu transgredi? Que direito do passado eu transgredi? Que leis da gravidade eu transgredi? Eu já transgredi todas as leis, todas as regras, diretrizes, projetos, ideias, postulados, princípios, etiquetas, estatutos gerais e fórmulas do mundo inteiro?

Eu fiz semelhante coisa. Eu me omiti de fazer semelhante coisa. Eu deixei vir. Eu me exprimi. Eu me exprimi pelo pensamento. Eu me exprimi pela palavra. Eu me exprimi diante de mim mesmo e diante dos outros. Eu me exprimi diante do poder cego das leis e dos bons costumes. Eu me exprimi diante do poder ofuscante de Deus.

Eu me expressei através dos movimentos. Eu me expressei através dos meus atos. Eu me expressei através da minha imobilidade. Eu me expressei através da minha inatividade.

Eu me desmascarei. Eu me desmascarei em cada um dos meus atos. Eu demonstrei em cada um dos meus atos o respeito ou desprezo às regras.

Eu me manifestei cuspindo. Eu me manifestei pelas explosões de mau humor. Eu me manifestei pelos sinais de aprovação. Eu me manifestei fazendo minhas necessidades. Eu me manifestei descartando os objetos inutilizáveis e estragados. Eu me manifestei matando os seres vivos. Eu me manifestei destruindo os objetos. Eu me manifestei respirando. Eu me manifestei pelo suor. Eu me manifestei pela coriza e pelas lágrimas.

Eu cuspi. Eu expectorei. Eu cuspi por cuspir. Eu cuspi na cara. Eu cuspi no chão num lugar onde cuspir era inconveniente. Eu cuspi num lugar onde cuspir era proibido pelas prescrições sanitárias. Eu cuspi na cara de homens para quem era uma ofensa pessoal a Deus. Eu cuspi sobre os objetos para os quais era uma ofensa pessoal aos homens. Eu não cuspi diante dos homens que acreditam que isto traz felicidade. Eu não cuspi diante dos aleijados. Eu não cuspi na cara dos atores que iriam entrar em cena. Eu não cuspi nas escarradeiras. Eu cuspi no chão das salas de espera. Eu cuspi contra o vento.

Eu me fiz notar pelos aplausos na cena onde era proibido aplaudir. Eu me fiz notar pelas demonstrações hostis na cena onde toda demonstração hostil era imprópria. Eu me fiz notar pelas demonstrações hostis e aplausos nas cenas e passagens onde toda demonstração a favor ou contra era proibida. Eu não me manifestei pelo aplauso no momento em que era desejável aplaudir. Eu me manifestei pelos aplausos no decorrer de um número perigoso no trapézio sob a lona de um circo. Eu aplaudi em maus momentos.

Eu lancei de lado objetos inúteis nos lugares onde era proibido jogar objetos. Eu abandonei objetos nos locais onde era punido abandonar objetos. Eu armazenei objetos nos lugares onde era repreensível depositar objetos. Eu não entreguei objetos onde a entrega estava de acordo com a lei. Eu lancei objetos pela janela de um trem em movimento. Eu lancei detritos ao lado das lixeiras. Eu abandonei os detritos nas matas. Eu joguei um cigarro aceso no feno. Eu não distribuí os panfletos.

Eu me exprimi pela fala. Eu me exprimi exibindo objetos. Eu me exprimi gerando seres vivos. Eu me exprimi fabricando objetos. Eu me exprimi pelo olhar. Eu me exprimi pelo jogo. Eu me exprimi pelo andar.

Eu andei. Eu andei sem propósito. Eu andei sabendo aonde eu ia. Eu andei pelas estradas. Eu andei pelas estradas onde era proibido circular. Eu não andei pelas estradas que me forçavam a pegar. Eu andei pelas estradas onde era ímpio passear sem propósito. Eu andei pelas estradas sabendo aonde eu ia, se bem que precisasse passear sem propósito. Eu andei por caminhos onde era proibido andar. Eu andei. Eu andei mesmo quando era proibido andar, mesmo quando andar era contrário aos bons costumes. Eu andei pelas galerias. Eu levei meus passos para territórios onde era escandaloso violar. Eu circulei sem visto. Eu deixei edifícios onde eu teria de permanecer por solidariedade. Eu entrei nos edifícios onde era inconveniente entrar sem proteger a cabeça. Eu circulei num território onde era proibido circular. Eu circulei num país onde era proibido entrar. Eu deixei um país onde era contrário às leis atravessar as fronteiras. Eu dirigi por ruas numa direção que era proibido de entrar. Eu peguei uma direção que era inadmissível de pegar. Eu me aventurei tão longe que era insensato prosseguir. Eu parei num momento em que era grosseiro parar. Eu me coloquei à direita de pessoas importantes. Eu me sentei nos lugares reservados para outras pessoas. Eu não prossegui ainda que a ordem fosse para prosseguir. Eu avancei lentamente ainda que a ordem fosse para acelerar. Eu permaneci sentado ainda que a ordem fosse para se levantar. Eu me deitei num lugar onde era proibido se deitar. Eu permaneci imóvel no momento da reunião. Eu prossegui meu caminho em vez de prestar assistência. Eu atravessei a zona neutra. Eu me deitei sob o sol durante os meses com r. Com passos lentos, eu retardei a marcha dos fugitivos nas passagens perigosas. Eu pulei de um trem em movimento. Eu abri a porta do vagão antes que o trem tivesse parado.

Eu falei. Eu expressei. Eu expressei o que os outros pensaram antes de mim. Eu pensei unicamente o que os outros já expressaram. Eu expressei a opinião pública. Eu falseei a opinião pública. Eu falei em lugares onde era desrespeitoso falar. Eu falei alto em lugares onde é grosseiro falar alto. Eu falei baixo quando convinha falar alto. Eu me calei num momento que era vergonhoso se calar. Eu falei em nome de todos quando devia exprimir-me em meu nome. Eu me dirigi às pessoas que eram indignas de interpelar. Eu cumprimentei pessoas que, por princípio, eu devia ignorar. Eu falei numa linguagem insultuosa para o povo. Eu falei dos objetos os quais, por discrição, não deveria falar. Eu passei sob silêncio minha cumplicidade no crime. Eu não disse nenhum bem dos mortos. Eu falei mal dos ausentes. Eu falei sem autorização. Eu falei com os soldados durante o serviço. Eu falei com o motorista, com o ônibus em movimento.

Eu falei a torto e a direito. Eu traí as palavras. Eu usei as palavras sem refletir. Eu atribuí, sem discernimento, qualidades aos objetos. Eu falei, sem discernimento, das qualidades de um objeto, quando eu desejava falar do objeto. Eu nomeei, sem discernimento, as qualidades dos objetos para interpretar o mundo. Eu falei dos objetos mortos. Eu falei da complexidade admirável. Eu falei da tristeza sombria. Eu falei da loucura doce. Eu falei da paixão ardente. Eu falei da raiva vermelha. Eu falei dos últimos instantes indizíveis. Eu falei da natureza livre. Eu falei do terror pânico. Eu falei do riso libertador. Eu falei da liberdade irresistível. Eu falei da liberdade proverbial. Eu falei da bruma leitosa. Eu falei da superfície lisa. Eu falei do rigor do Antigo Testamento. Eu falei do pobre pecador. Eu falei da dignidade inata. Eu falei da bomba ameaçadora. Eu falei da lição salutar. Eu falei das trevas impenetráveis. Eu falei da moral mentirosa. Eu falei de fronteiras abolidas. Eu falei do dedo vingador. Eu falei da suspeita bem compreendida. Eu falei da confiança cega. Eu falei da atmosfera realista. Eu falei da contradição fértil. Eu falei de conhecimentos ecléticos. Eu falei da honestidade intelectual. Eu falei do capital corrupto. Eu falei da ternura abusiva. Eu falei da visão de mundo desnaturada. Eu falei da ideologia falsa. Eu falei da concepção de mundo obscura. Eu falei da crítica construtiva. Eu falei da ciência sem prejulgar. Eu falei da precisão científica. Eu falei da pele fresca como uma rosa. Eu falei de resultados surpreendentes. Eu falei de conversas úteis. Eu falei de dogma inflexível. Eu falei de discussões necessárias. Eu falei de opinião subjetiva. Eu falei de *páthos* vazio. Eu falei de mística confusa. Eu falei de ideias frutuosas. Eu falei de jogo fútil. Eu falei da monotonia enfadonha. Eu falei de aparições luminosas. Eu falei de realidade verdadeira. Eu falei da verdade profunda. Eu falei da mentira superficial. Eu falei da vida trepidante. Eu falei do dinheiro supérfluo. Eu falei da realidade insípida. Eu falei do momento precioso. Eu falei da guerra justa. Eu falei da paz frágil. Eu falei dos contrários incompatíveis. Eu falei das frentes de batalha estabilizadas. Eu falei da terra redonda. Eu falei da neve imaculada. Eu falei da água glacial. Eu falei da fuligem negra. Eu falei da esfera redonda. Eu falei da coisa certa. Eu disse que a medida estava cheia.

Eu me apropriei dos objetos. Eu tirei objetos dos lugares onde era proibido tocar nos objetos. Eu roubei objetos que era ilegal possuir. Eu me tornei proprietário de objetos que ninguém tinha o direito de guardar em casa. Eu declarei bens públicos os objetos pessoais que eram imorais de subtrair a um particular. Eu maltratei os objetos que seria preciso tratar com doçura. Eu toquei os objetos que eram repugnantes e sacrílego manipular. Eu separei objetos que era perigoso separar um dos outros. Eu não preservei os objetos que precisava respeitar. Eu tratei certas pessoas como objetos. Eu tratei certos animais como pessoas. Eu me comprometi com seres vivos cuja convivência era imoral. Eu toquei objetos com outros objetos, sem razão, por prazer. Eu fiz um comércio inumano de seres vivos e de objetos insignificantes. Eu brutalizei objetos frágeis. Eu conectei o polo positivo com o polo positivo. Eu ingeri medicamentos que eram para uso externo. Eu arranquei a crosta de feridas mal cicatrizadas. Eu toquei os fios elétricos. Eu deixei de registrar cartas que seriam objeto de registro postal. Eu deixei de colar selos sobre os recibos que precisam de selo. Eu não usei roupas escuras quando eu estava de luto. Eu me expus aos raios solares sem aplicar filtro solar no meu rosto. Eu fiz comércio de escravos. Eu vendi carne sem controle de inspeção. Eu empreendi a escalada de uma montanha com sapatos inadequados. Eu não lavei as frutas antes de comê-las. Eu não desinfetei as roupas das vítimas da peste. Eu não agitei a loção capilar antes de usá-la.

Eu olhei e escutei. Eu contemplei. Eu contemplei coisas que era impudico contemplar. Eu não contemplei coisas que meu dever de estado me obrigava a contemplar. Eu desviei os olhos dos espetáculos que meu espírito pequeno-burguês não ousava contemplar. Eu não tive, diante dos acontecimentos, a atitude que deveria ter. Eu não desviei os olhos dos acontecimentos que eram indignos de olhar. Eu olhei para trás quando a honra comandava não se voltar. Eu desviei os olhos por covardia. Eu escutei pessoas por fraqueza. Eu circulei por terrenos proibidos. Eu me introduzi nos edifícios que ameaçavam se desmoronar. Eu não olhei as pessoas enquanto lhes falava. Eu vi filmes a desaconselhar e a banir. Eu escutei discursos revolucionários. Eu assisti a jogos sem pagar. Eu medi dos pés à cabeça pessoas que eu não conhecia. Eu desafiei o sol sem óculos escuros. Eu mantive os olhos abertos durante o ato sexual.

Eu comi. Eu comi apesar de estar farto. Eu bebi apesar de não ter mais sede. Eu digeri a bebida e a comida. Eu me alimentei dos quatro elementos. Eu aspirei e expirei os quatro elementos. Eu comi nos momentos em que era estúpido pensar em se alimentar. Eu não me dei ao trabalho de respirar fundo. Eu respirei um ar fétido. Eu expirei em contratempos. Eu comi carne durante a quaresma. Eu respirei sem máscara de gás. Eu enchi meus pulmões de gás de escapamento. Eu comi com os dedos. Eu não tomei o tempo de respirar. Eu toquei a hóstia com os dentes. Eu não respirei pelo nariz.

Eu joguei. Eu trapaceei. Eu joguei sem me importar com as convenções. Eu joguei nos momentos e lugares onde era impróprio e até mesmo antissocial e ingênuo jogar. Eu joguei com pessoas com quem era desonroso jogar. Eu joguei com os objetos que a civilidade proibia tocar. Eu não joguei nos lugares e nos momentos onde era conveniente jogar. Eu joguei segundo as regras, apesar de que teria sido mais original jogar contra as regras. Eu joguei só, apesar das regras de civilidade ordenarem a jogar com os outros. Eu dei pouca importância aos valores que era vergonhoso dar pouca importância. Eu dei pouca importância ao jogo. Eu dei muita importância ao jogo. Eu brinquei com fogo. Eu brinquei com os isqueiros. Eu joguei com as cartas marcadas. Eu joguei com as vidas humanas. Eu brinquei com os vaporizadores. Eu joguei com a vida. Eu joguei com os sentimentos. Eu joguei comigo mesmo. Eu joguei sem fichas. Eu joguei fora do tempo do jogo. Eu joguei com inclinação para o mau. Eu joguei com as ideias. Eu joguei com as ideias de suicídio. Eu joguei sobre uma camada fina de gelo. Eu joguei sob o sol estrangeiro. Eu joguei com o desespero. Eu joguei com o meu órgão sexual. Eu joguei com as palavras. Eu joguei com os meus dedos.

Vindo ao mundo, eu fui marcado pelo pecado original. Pela minha natureza, eu estava inclinado ao mal. A malícia se manifestou, a princípio, em ciúmes contra meu irmão de leite. Desde o primeiro dia da minha vida, eu não mais estava livre do pecado. Gemendo, eu cobicei o seio da minha mãe. Eu não tinha outra ambição senão aquela. Eu não pensava senão no poder. Eu fiquei surdo à voz da minha razão, consciente das leis do universo e das leis da natureza. Eu fui concebido no mal. Eu fui gerado no mal. Eu saciei minha inclinação ao mal destruindo as coisas. Eu saciei minha inclinação ao mal esmagando os seres vivos. Eu desobedeci por minha paixão pelo jogo. Eu amei o jogo porque ele me dava um sentimento de vitória. Eu amava as histórias fantásticas porque elas me faziam cócegas na orelha. Eu elevei os homens na posição de Deus. Eu tive mais prazer com jogos de palavras brilhantes do que com palavras salutares. Eu dei mais importância às regras de sintaxe que às leis eternas. Eu fui escravo do meu palácio. Eu confiei apenas nos meus sentimentos. Eu não aprofundei os sentidos das realidades. Eu não gostei somente das infâmias, eu me deliciei nas infâmias. Quando estava acompanhado, eu, de preferência, gostava de fazer o mal. Eu me fiz de cúmplice. Eu amei a cumplicidade. Eu amei o pecado por causa do perigo. Eu não procurei a verdade. Na arte, eu me deliciei na minha própria dor e compaixão. Eu tive olhares concupiscentes. Eu não reconheci o sentido da História. Deus me esqueceu. O mundo me esqueceu. Eu não limitei minha visão do mundo ao mundo que nos cerca. Eu englobei na minha visão todos os corpos celestes. Eu me deleitei comigo mesmo. Eu me contentei com os bens deste mundo. Eu não tomei banhos frios contra a tristeza. Eu não tomei banhos quentes contra a paixão. Eu me separei do meu corpo. Eu me desinteressei dos acontecimentos. Eu não sujeitei a carne ao espírito. Eu neguei minha própria natureza. Eu me revoltei contra a natureza das coisas. Eu desejei, com frenesi, o poder. Eu desejei dinheiro com frenesi. Eu desperdicei dinheiro. Eu vivi acima dos meus recursos. Eu não soube me adaptar às circunstâncias. Eu não venci a mim mesmo. Eu não me adaptei. Eu alterei a ordem eterna. Eu desconheci o fato de que o mal é apenas a ausência do bem.

Eu não compreendi que o mal é apenas desordem. Eu engendrei a morte por meus pecados. Pelo pecado, eu me tornei semelhante ao gado que funga voluptuosamente ao ferro do carniceiro. Eu não resisti à primeira tentação. Eu não reconheci o momento em que era preciso fazer uma incisão na carne viva. Eu me fiz uma imagem do ser supremo. Eu não quis me fazer uma imagem do ser supremo. Eu não pronunciei o nome do ser supremo. Eu me contentei em acreditar nas três pessoas gramaticais. Eu me persuadi de que não existe o ser supremo, a fim de não ter o temor. Eu procurei a ocasião. Eu não aproveitei da sorte. Eu não me submeti à necessidade. Eu não contei com o acaso. Eu não tirei lições dos maus exemplos. O passado não me ensinou nada. Eu me deixei levar pela onda. Eu confundi liberdade e licença. Eu confundi honestidade e imbecilidade. Eu confundi obscenidade e talento. Eu confundi sonho e realidade. Eu confundi verdade e lugar comum. Eu confundi opressão e dever de Estado. Eu confundi amor e instinto. Eu confundi causa e efeito. Eu não realizei a unidade entre o pensamento e o ato. Eu não considerei as coisas como elas são realmente. Eu não resisti ao encantamento do momento. Eu tive vontade de esquecer que a vida nos é apenas emprestada. Eu perjurei. Eu conheci imperfeitamente a língua. Eu não neguei o mundo. Eu faltei com respeito à autoridade. Eu fui demasiado crédulo para com a autoridade. Eu não reprimi meu impulso viril. Eu procurei o prazer. Eu duvidei de mim mesmo. Eu me tornei, para mim mesmo, um enigma. Eu matei o tempo. Eu acordei muito tarde. Eu quis parar o tempo. Eu quis acelerar o tempo. Eu me coloquei em contradição com o tempo. Eu não aceitei envelhecer. Eu não aceitei a ideia da morte. Eu não deixei as coisas virem até mim. Eu não soube me limitar. Eu manifestei impaciência. Eu não soube esperar. Eu não pensei no futuro. Eu não pensei no meu futuro. Eu não vivi o momento presente. Eu fui tirânico. Eu agi como se estivesse só no mundo. Eu tive falta de habilidade. Eu fui vingativo. Eu fui pusilânime. Eu não fiz nenhum esforço. Eu não fiz do trabalho a base da minha existência. Eu não vi Deus em cada humilhado. Eu não procurei extirpar o meu vício. Eu coloquei crianças no mundo como um irresponsável. Eu não adaptei meu modo de viver à minha situação social. Eu tive más companhias. Eu me julguei o umbigo da terra. Eu estive muitas vezes só. Eu não estive só o suficiente. Eu levei uma vida muito egoísta. Eu não meditei o bastante sobre o sentido de muito. Eu não me dei como ideal de felicidade de todos os homens. Eu fiz passar os interesses particulares antes dos interesses comuns. Eu não tomei parte na discussão. Eu não segui as instruções. Eu continuei a ter confiança nas autoridades apesar da injustiça das regras. Eu não reconheci meus limites. Eu não vi a relação entre as coisas. Eu não considerei a necessidade como uma virtude. Eu mudei de opinião. Eu fui irredutível. Eu não me coloquei a serviço da causa. Eu me contentei com o que eu tinha alcançado. Eu não vi senão meu próprio interesse. Eu cedi às pressões. Eu fui evasivo. Eu não dei minha opinião. Eu perturbei o equilíbrio das forças. Eu violei os princípios geralmente admitidos. Eu não completei minhas obrigações. Eu fiquei aquém da meta fixada. Eu não vi mais longe do que a ponta do meu nariz. Eu não tomei ar com muita frequência. Eu me levantei muito tarde. Eu não limpei a calçada. Eu não fechei as portas. Eu me aproximei muito perto das jaulas. Eu não liberei as entradas. Eu não liberei as saídas. Eu puxei o sinal de alarme sem motivo. Eu encostei as bicicletas nos muros proibidos. Eu mendiguei. Eu mascateei. Eu sujei a rua. Eu não esfreguei meus pés. Eu me inclinei à janela de um trem em movimento. Eu visitei uma loja de materiais inflamáveis me iluminando com uma vela. Eu fui à casa de pessoas sem ter avisado da minha visita. Eu não cedi meu lugar aos inválidos. Eu fumei na cama. Eu não fechei as torneiras. Eu passei a noite nos bancos públicos. Eu não conduzi o cachorro na coleira. Eu não coloquei focinheira no cachorro perigoso. Eu não deixei o guarda-chuva no vestiário. Eu peguei nas mercadorias antes de comprá-las. Eu não fechei cuidadosamente os frascos depois do uso. Eu borrifei o fogo com os vaporizadores. Eu atravessei o sinal vermelho. Eu circulei a pé pelas rodovias. Eu circulei sobre os trilhos. Eu não andei sobre a calçada. Nos bondes, eu atrapalhei a passagem. Eu não me apoiei no corrimão. Eu utilizei o banheiro enquanto o trem estava na estação. Eu não segui as instruções. Eu liguei o motor do carro em locais proibidos. Eu não puxei os botões. Eu atravessei os trilhos na estação. Eu não recuei no momento da chegada do trem. Eu ultrapassei o limite de peso nos elevadores. Eu fiz barulho à noite. Eu colei cartazes em muros proibidos. Eu quis abrir as portas puxando-as quando eu deveria empurrá-las. Eu quis abrir as portas empurrando-as quando eu deveria puxá-las. Eu errei pelas ruas ao cair da noite. Eu acendi a luz após a hora fixada. Eu não tive sangue frio após um acidente. Eu deixei a casa quando era proibido sair. Eu perdi a cabeça no momento da catástrofe. Eu pensei primeiro em mim. Eu não tive disciplina. Eu puxei estupidamente o sinal de alarme. Eu o quebrei. Eu não utilizei as saídas de emergência. Eu puxei. Eu tripudiei. Eu não pensei em quebrar a vidraça da janela. Eu bloqueei o caminho. Eu estupidamente resisti. Eu não continuei quando gritaram. Eu não mantive minhas mãos abaixo da cabeça. Eu não mirei as pernas. Eu brinquei com o gatilho quando o fuzil estava armado. Eu não salvei primeiro as mulheres e as crianças. Eu não socorri os homens que se afogavam. Eu mantive minhas mãos nos bolsos. Eu não desviei. Eu não quis que ninguém me vedasse os olhos. Eu não procurei me cobrir. Eu me expus às rajadas. Eu ralentei o passo. Eu apressei. Eu mexi.

Eu não considerei como uma prova do movimento terrestre a mobilidade da minha sombra. Eu não considerei como prova da minha existência, a minha angústia à aproximação da noite. Eu não considerei como prova de uma vida após a morte a minha necessidade de acreditar na imortalidade. Eu não considerei minha repugnância por todas as coisas futuras como uma prova do nada após a morte. Eu não considerei o apaziguamento da minha dor como um sinal de esgotamento do tempo. Eu não considerei minha alegria de viver como um sinal de parada do tempo.

Eu não sou como eu fui. Eu não fui como eu deveria ter sido. Eu não me tornei o que eu deveria ter me tornado. Eu não mantive minhas promessas.

Eu fui ao teatro. Eu escutei esta peça. Eu falei esta peça. Eu escrevi esta peça.

Für Libgart

Dieses Stück ist ein Sprechstück für einen Sprecher und eine Sprecherin. Es gibt keine Rollen. Sprecherin und Sprecher, deren Stimmen aufeinander abgestimmt sind, wechseln einander ab oder sprechen gemeinsam, leise und laut, mit sehr harten Übergängen, so daß sich eine akustische Ordnung ergibt. Die Bühne ist leer. Die beiden Sprecher arbeiten mit Mikrofonen und Lautsprechern. Publikumsraum und Bühne sind immer hell. Der Vorhang wird nicht betätigt. Auch am Schluß des Stücks fällt kein Vorhang.

Ich bin auf die Welt gekommen.

Ich bin geworden. Ich bin gezeugt worden. Ich bin entstanden. Ich bin gewachsen. Ich bin geboren worden. Ich bin in das Geburtenregister eingetragen worden. Ich bin älter geworden.

Ich habe mich bewegt. Ich habe Teile meines Körpers bewegt. Ich habe meinen Körper bewegt. Ich habe mich auf der Stelle bewegt. Ich habe mich von der Stelle bewegt. Ich habe mich von einem Ort zum andern bewegt. Ich habe mich bewegen müssen. Ich habe mich bewegen können.

Ich habe meinen Mund bewegt. Ich bin zu Sinnen gekommen. Ich habe mich bemerkbar gemacht. Ich habe geschrien. Ich habe gesprochen. Ich habe Geräusche gehört. Ich habe Geräusche unterschieden. Ich habe Geräusche erzeugt. Ich habe Laute erzeugt. Ich habe Töne erzeugt. Ich habe Töne, Geräusche und Laute erzeugen können. Ich habe sprechen können. Ich habe schreien können. Ich habe schweigen können.

Ich habe gesehen. Ich habe Gesehenes wiedergesehen. Ich bin zu Bewußtsein gekommen. Ich habe Gesehenes wiedererkannt. Ich habe Wiedergesehenes wiedererkannt. Ich habe wahrgenommen. Ich habe Wahrgenommenes wiederwahrgenommen. Ich bin zu Bewußtsein gekommen. Ich habe Wiederwahrgenommenes wiedererkannt.

Ich habe geschaut. Ich habe Gegenstände gesehen. Ich habe auf gezeigte Gegenstände geschaut. Ich habe auf gezeigte Gegenstände gezeigt. Ich habe die Bezeichnung der gezeigten Gegenstände gelernt. Ich habe die gezeigten Gegenstände bezeichnet. Ich habe die Bezeichnung der nicht zeigbaren Gegenstände gelernt. Ich habe gelernt. Ich habe behalten. Ich habe die gelernten Zeichen behalten. Ich habe bezeichnete Gestalten gesehen. Ich habe ähnliche Gestalten mit gleichen Namen bezeichnet.

Ich habe die Unterschiede zwischen unähnlichen Gestalten bezeichnet. Ich habe abwesende Gestalten bezeichnet. Ich habe abwesende Gestalten zu fürchten gelernt. Ich habe abwesende Gestalten herbeizuwünschen gelernt. Ich habe die Worte »wünschen« und »fürchten« gelernt.

Ich habe gelernt. Ich habe die Wörter gelernt. Ich habe die Zeitwörter gelernt. Ich habe den Unterschied zwischen sein und gewesen gelernt. Ich habe die Hauptwörter gelernt. Ich habe den Unterschied zwischen der Einzahl und der Mehrzahl gelernt. Ich habe die Umstandswörter gelernt. Ich habe den Unterschied zwischen hier und dort gelernt. Ich habe die hinweisenden Wörter gelernt. Ich habe den Unterschied zwischen diesem und jenem gelernt. Ich habe die Eigenschaftswörter gelernt. Ich habe den Unterschied zwischen gut und böse gelernt. Ich habe die besitzanzeigenden Wörter gelernt. Ich habe den Unterschied zwischen mein und dein gelernt. Ich habe einen Wortschatz erworben.

Ich bin der Gegenstand von Sätzen geworden. Ich bin die Ergänzung von Sätzen geworden. Ich bin der Gegenstand und die Ergänzung von Hauptsätzen und Nebensätzen geworden. Ich bin eine Mundbewegung geworden. Ich bin eine Aneinanderreihung von Buchstaben geworden.

Ich habe meinen Namen gesagt. Ich habe ich gesagt. Ich bin auf allen vieren gekrochen. Ich bin gelaufen. Ich bin auf etwas zugelaufen. Ich bin vor etwas davongelaufen. Ich habe mich aufgerichtet. Ich bin aus der Leideform getreten. Ich bin aktiv geworden. Ich bin im annähernd rechten Winkel zur Erde gegangen. Ich bin gesprungen. Ich habe der Schwerkraft getrotzt. Ich habe gelernt, meine Notdurft außerhalb der Kleidung zu verrichten. Ich habe gelernt, meinen Körper unter meine Gewalt zu bekommen. Ich habe gelernt, mich zu beherrschen.

Ich habe zu können gelernt. Ich habe können. Ich habe wollen können. Ich habe auf zwei Beinen gehen können. Ich habe auf den Händen gehen können. Ich habe bleiben können. Ich habe stehenbleiben können. Ich habe liegenbleiben können. Ich habe auf dem Bauch kriechen können. Ich habe mich totstellen können. Ich habe den Atem anhalten können. Ich habe mich töten können. Ich habe ausspucken können. Ich habe nicken können. Ich habe verneinen können. Ich habe Gesten vollführen können. Ich habe fragen können. Ich habe Fragen beantworten können. Ich habe nachahmen können. Ich habe einem Beispiel folgen können. Ich habe spielen können. Ich habe etwas tun können. Ich habe etwas lassen können. Ich habe Gegenstände zerstören können. Ich habe Gegenstände mit anderen Gegenständen vergleichen können. Ich habe mir Gegenstände vorstellen können. Ich habe Gegenstände bewerten können. Ich habe Gegenstände sprechen können. Ich habe ü b e r Gegenstände sprechen können. Ich habe mich an Gegenstände erinnern können.

Ich habe in der Zeit gelebt. Ich habe an Anfang und Ende gedacht. Ich habe an mich gedacht. Ich habe an andre gedacht. Ich bin aus der Natur getreten. Ich bin geworden. Ich bin unnatürlich geworden. Ich bin zu meiner Geschichte gekommen. Ich habe erkannt, daß ich nicht du bin. Ich habe meine Geschichte mitteilen können. Ich habe meine Geschichte verschweigen können.

Ich habe etwas wollen können. Ich habe etwas *nicht* wollen können.

Ich habe mich gemacht. Ich habe mich zu dem gemacht, was ich bin. Ich habe mich verändert. Ich bin ein andrer geworden. Ich bin für meine Geschichte verantwortlich geworden. Ich bin für die Geschichten der andern mitverantwortlich geworden. Ich bin eine Geschichte unter andern geworden. Ich habe die Welt zu der meinen gemacht. Ich bin vernünftig geworden.

Ich habe nicht mehr nur der Natur folgen müssen. Ich habe Regeln erfüllen sollen. Ich habe sollen. Ich habe die geschichtlichen Regeln der Menschen erfüllen sollen. Ich habe handeln sollen. Ich habe unterlassen sollen. Ich habe geschehen lassen sollen. Ich habe Regeln gelernt. Ich habe als Metapher für die Regeln die ›Fußangeln der Regeln‹ gelernt. Ich habe Regeln für das Verhalten und die Gedanken gelernt. Ich habe Regeln für innen und außen gelernt. Ich habe Regeln für Dinge und Menschen gelernt. Ich habe allgemeine und besondere Regeln gelernt. Ich habe Regeln für das Diesseits und für das Jenseits gelernt. Ich habe Regeln für Luft, Wasser, Feuer und Erde gelernt. Ich habe die Regeln und die Ausnahmen von den Regeln gelernt. Ich habe die Grundregeln und die abgeleiteten Regeln gelernt. Ich habe zu sollen gelernt. Ich bin gesellschaftsfähig geworden.

Ich bin geworden: ich habe sollen. Ich bin fähig geworden, mit eigenen Händen zu essen: ich habe mich zu beschmutzen vermeiden sollen. Ich bin fähig geworden, die Sitten der andern anzunehmen: ich habe die eigenen Unsitten vermeiden sollen. Ich bin fähig geworden, heiß und kalt zu unterscheiden: ich habe das Spiel mit dem Feuer vermeiden sollen. Ich bin fähig geworden, Gutes und Böses zu trennen: ich habe das Böse vermeiden sollen. Ich bin fähig geworden, nach Spielregeln zu spielen: ich habe einen Verstoß gegen die Spielregeln vermeiden sollen. Ich bin fähig geworden, das Unrechtmäßige meiner Taten einzusehen und dieser Einsicht gemäß zu handeln: ich habe die Untat vermeiden sollen. Ich bin fähig geworden, die Geschlechtskraft zu gebrauchen: ich habe den Mißbrauch der Geschlechtskraft vermeiden sollen.

Ich bin von allen Regeln erfaßt worden. Mit meinen Personalien bin ich aktenkundig gemacht worden. Mit meiner Seele bin ich von der Erbsünde befleckt worden. Mit meiner Spielnummer bin ich in das Spielerverzeichnis aufgenommen worden. Mit meinen Krankheiten bin ich karteikundig gemacht worden. Mit meiner Firma bin ich in das Handelsregister eingetragen worden. Mit meinen besonderen Merkmalen bin ich in der Personenbeschreibung festgehalten worden.

Ich bin mündig geworden. Ich bin handlungsfähig geworden. Ich bin vertragsfähig geworden. Ich bin eines letzten Willens fähig geworden.

Seit einem Zeitpunkt habe ich Sünden begehen können. Seit einem anderen Zeitpunkt habe ich gerichtlich belangt werden können. Seit einem anderen Zeitpunkt habe ich meine Ehre verlieren können. Seit einem anderen Zeitpunkt habe ich mich durch einen Vertrag zu einem Tun oder Unterlassen verpflichten können.

Ich bin bußpflichtig geworden. Ich bin wohnsitzpflichtig geworden. Ich bin ersatzpflichtig geworden. Ich bin steuerpflichtig geworden. Ich bin stellungspflichtig geworden. Ich bin dienstpflichtig geworden. Ich bin schulpflichtig geworden. Ich bin impfpflichtig geworden. Ich bin sorgepflichtig geworden. Ich bin zahlungspflichtig geworden. Ich bin untersuchungspflichtig geworden. Ich bin erziehungspflichtig geworden. Ich bin beweispflichtig geworden. Ich bin versicherungspflichtig geworden. Ich bin ausweispflichtig geworden. Ich bin meldepflichtig geworden. Ich bin unterhaltspflichtig geworden. Ich bin exekutionspflichtig geworden. Ich bin aussagepflichtig geworden.

Ich bin geworden. Ich bin verantwortlich geworden. Ich bin schuldig geworden. Ich bin entschuldbar geworden. Ich habe für meine Geschichte büßen müssen. Ich habe für meine Vergangenheit büßen müssen. Ich habe für die Vergangenheit büßen müssen. Ich habe für meine Zeit büßen müssen. Ich bin erst mit der Zeit zur Welt gekommen.

Gegen welche Forderung der Zeit habe ich mich vergangen? Gegen welche Forderung der praktischen Vernunft habe ich mich vergangen? Gegen welche Geheimparagraphen habe ich mich vergangen? Gegen welches Programm habe ich mich vergangen? Gegen welche ewigen Gesetze des Weltalls habe ich mich vergangen? Gegen welche Gesetze der Unterwelt habe ich mich vergangen? Gegen welche primitivsten Regeln des Anstands habe ich mich vergangen? Gegen welche Richtlinien einer Partei habe ich mich vergangen? Gegen welche Gesetze des Theaters habe ich mich vergangen? Gegen welche vitalen Interessen habe ich mich vergangen? Gegen welches sanfte Gesetz habe ich mich vergangen? Gegen welches Faustrecht habe ich mich vergangen? Gegen welches Gebot der Stunde habe ich mich vergangen? Gegen welche Lebensregeln habe ich mich vergangen? Gegen welche Bauernregeln habe ich mich vergangen? Gegen welche Liebesregeln habe ich mich vergangen? Gegen welche Spielregeln habe ich mich vergangen? Gegen welche Regeln der Kosmetik habe ich mich vergangen? Gegen welche Regeln der Kunst habe ich mich vergangen? Gegen welche Rechte der Stärkeren habe ich mich vergangen? Gegen welche Forderung der Pietät habe ich mich vergangen? Gegen welche Gesetze der Gesetzlosen habe ich mich vergangen? Gegen welches Verlangen nach Abwechslung habe ich mich vergangen? Gegen welche Gesetze für Diesseits und Jenseits habe ich mich vergangen? Gegen welche Regeln der Rechtschreibung habe ich mich vergangen? Gegen welches Recht der Vergangenheit habe ich mich vergangen? Gegen welche Gesetze des freien Falls habe ich mich vergangen? Habe ich mich gegen die Regeln, Pläne, Ideen, Postulate, Grundsätze, Etiketten, Satzungen, allgemeinen Meinungen und Formeln der ganzen Welt vergangen?

Ich habe getan. Ich habe unterlassen. Ich habe zugelassen. Ich habe mich geäußert. Ich habe mich geäußert durch Gedanken. Ich habe mich geäußert durch Äußerungen. Ich habe mich vor mir selber geäußert. Ich habe mich vor mir selber und andern geäußert. Ich habe mich vor der unpersönlichen Macht der Gesetze und der guten Sitten geäußert. Ich habe mich vor der persönlichen Macht Gottes geäußert.

Ich habe mich in Bewegungen geäußert. Ich habe mich in Handlungen geäußert. Ich habe mich in der Bewegungslosigkeit geäußert. Ich habe mich in der Tatenlosigkeit geäußert.

Ich habe bedeutet. Ich habe in jeder meiner Äußerungen bedeutet. Ich habe in jeder meiner Äußerungen eine Erfüllung oder Mißachtung von Regeln bedeutet.

Ich habe mich geäußert durch Spucken. Ich habe mich geäußert durch Unmutskundgebungen. Ich habe mich geäußert durch Beifallskundgebungen. Ich habe mich geäußert durch die Verrichtung meiner Notdurft. Ich habe mich geäußert durch das Wegwerfen von unbrauchbaren und gebrauchten Gegenständen. Ich habe mich geäußert durch das Töten von Lebewesen. Ich habe mich geäußert durch das Zerstören von Gegenständen. Ich habe mich geäußert durch Atmen. Ich habe mich geäußert durch das Absondern von Schweiß. Ich habe mich geäußert durch das Absondern von Rotz und Tränen.

Ich habe gespuckt. Ich habe ausgespuckt. Ich habe gezielt gespuckt. Ich habe angespuckt. Ich habe an Orten auf den Boden gespuckt, an denen auf den Boden zu spucken ungehörig war. Ich habe an Orten ausgespuckt, an denen auszuspucken ein Verstoß gegen die Gesundheitsvorschriften war. Ich habe Menschen ins Gesicht gespuckt, die anzuspucken eine persönliche Beleidigung Gottes war. Ich habe Gegenstände angespuckt, die anzuspucken eine persönliche Beleidigung von

Menschen war. Ich habe vor Menschen nicht ausgespuckt, vor denen auszuspucken Glück bringen sollte. Ich habe vor Krüppeln nicht ausgespuckt. Ich habe Schauspieler vor ihrem Auftritt nicht angespuckt. Ich habe nicht den Spucknapf benutzt. Ich habe in Warteräumen ausgespuckt. Ich habe gegen den Wind gespuckt.

Ich habe Beifallskundgebungen geäußert an Orten, an denen Beifallskundgebungen verboten waren. Ich habe Mißfallenskundgebungen geäußert zu Zeiten, zu denen Mißfallenskundgebungen unerwünscht waren. Ich habe Mißfallenskundgebungen und Beifallskundgebungen geäußert an Orten und Zeiten, da Mißfallenskundgebungen sowie Beifallskundgebungen verbeten waren. Ich habe Beifallskundgebungen nicht geäußert zu Zeiten, zu denen Beifallskundgebungen erbeten waren. Ich habe Beifallskundgebungen bei einem schwierigen Trapezakt im Zirkus geäußert. Ich habe Beifallskundgebungen zur Unzeit geäußert.

Ich habe unbrauchbare und gebrauchte Gegenstände weggeworfen an Orten, an denen das Wegwerfen von Gegenständen untersagt war. Ich habe Gegenstände abgestellt an Orten, an denen das Abstellen von Gegenständen strafbar war. Ich habe Gegenstände abgelagert an Orten, an denen das Ablagern von Gegenständen verwerflich war. Ich habe Gegenstände nicht abgeliefert, die abzuliefern gesetzestreu war. Ich habe Gegenstände aus dem Fenster eines fahrenden Zuges geworfen. Ich habe Abfälle nicht in den Abfallkorb geworfen. Ich habe Abfälle im Wald liegen lassen. Ich habe brennende Zigaretten ins Heu geworfen. Ich habe feindliche Flugblätter nicht abgeliefert.

Ich habe mich geäußert durch Sprechen. Ich habe mich geäußert durch Aneignen von Gegenständen. Ich habe mich geäußert durch das Zeugen von Lebewesen. Ich habe mich geäußert durch das Erzeugen von Gegenständen. Ich habe mich geäußert durch Schauen. Ich habe mich geäußert durch Spielen. Ich habe mich geäußert durch Gehen.

Ich bin gegangen. Ich bin ziellos gegangen. Ich bin zielbewußt gegangen. Ich bin auf Wegen gegangen. Ich bin auf Wegen gegangen, auf denen zu gehen verboten war. Ich bin nicht auf Wegen gegangen, wenn auf Wegen zu gehen geboten war. Ich bin auf Wegen gegangen, auf denen ziellos zu gehen sündhaft war. Ich bin zielbewußt gegangen, wenn ziellos zu gehen geboten war. Ich bin auf Wegen gegangen, auf denen mit einem Ziel zu gehen verboten war. Ich bin gegangen. Ich bin gegangen, wenn selbst das Gehen verboten und gegen die guten Sitten war. Ich bin durch Passagen gegangen, die zu passieren konformistisch war. Ich habe Grundstücke betreten, die zu betreten eine Schande war. Ich habe Grundstücke ohne Ausweis betreten, die ohne Ausweis zu betreten verboten war. Ich habe Gebäude verlassen, die zu verlassen unsolidarisch war. Ich habe Gebäude betreten, die mit bedecktem Kopf zu betreten unschicklich war. Ich habe Gebiet betreten, das zu betreten untersagt war. Ich bin in ein Staatsgebiet eingereist, in das einzureisen verboten war. Ich bin aus einem Staatsgebiet ausgereist, aus dem auszureisen staatsfeindlich war. Ich habe Straßen in einer Richtung befahren, in die zu fahren undiszipliniert war. Ich bin in Richtungen gegangen, in die zu gehen unstatthaft war. Ich bin so weit gegangen, daß weiterzugehen unratsam war. Ich bin stehengeblieben, wenn stehenzubleiben unhöflich war. Ich bin rechts von Personen gegangen, auf deren rechter Seite zu gehen gedankenlos war. Ich habe mich auf Plätze gesetzt, auf denen zu sitzen anderen Personen vorbehalten war. Ich bin nicht weitergegangen, wenn weiterzugehen befohlen war. Ich bin langsam gegangen, wenn schnell zu gehen geboten war. Ich bin nicht aufgestanden, wenn aufzustehen geboten war. Ich habe mich hingelegt an Orten, an denen sich hinzulegen verboten war. Ich bin bei Aufläufen stehengeblieben. Ich bin bei gebotener Hilfeleistung weitergegangen. Ich habe Niemandsland betreten. Ich habe mich in den Monaten mit R auf den Boden gelegt. Ich habe durch langsames Gehen in engen Gängen Flüchtende aufgehalten. Ich bin von der fahrenden Straßenbahn gesprungen. Ich habe die Waggontür vor dem Halten des Zuges geöffnet.

Ich habe gesprochen. Ich habe ausgesprochen. Ich habe ausgesprochen, was andere schon gedacht haben. Ich habe nur gedacht, was andere ausgesprochen haben. Ich habe der öffentlichen Meinung Ausdruck gegeben. Ich habe die öffentliche Meinung verfälscht. Ich habe gesprochen an Orten, an denen zu sprechen pietätlos war. Ich habe laut gesprochen an Orten, an denen laut zu sprechen rücksichtslos war. Ich habe geflüstert, wenn laut zu sprechen verlangt war. Ich habe geschwiegen zu Zeiten, zu denen zu schweigen eine Schande war. Ich habe als öffentlicher Sprecher gesprochen, wenn als Privatmann zu sprechen geboten war. Ich habe mit Personen gesprochen, mit denen zu sprechen würdelos war. Ich habe Personen gegrüßt, die zu grüßen ein Verrat an Prinzipien war. Ich habe in einer Sprache gesprochen, in der zu sprechen volksfeindlich war. Ich habe von Gegenständen gesprochen, von denen zu sprechen taktlos war. Ich habe meine Mitwisserschaft an einer Untat verschwiegen. Ich habe über Tote nichts Gutes gesprochen. Ich habe Abwesenden Übles nachgeredet. Ich habe gesprochen, ohne gefragt zu sein. Ich habe Soldaten im Dienst angesprochen. Ich habe während der Fahrt mit dem Wagenlenker gesprochen.

Ich habe die Regeln der Sprache nicht beachtet. Ich habe Sprachverstöße begangen. Ich habe die Worte ohne Gedanken gebraucht. Ich habe den Gegenständen der Welt blindlings Eigenschaften gegeben. Ich habe den Worten für die Gegenstände blindlings Worte für die Eigenschaften der Gegenstände gegeben. Ich habe mit den Worten für die Eigenschaften der Gegenstände blindlings die Welt angeschaut. Ich habe die

Gegenstände tot genannt. Ich habe die Mannigfaltigkeit bunt genannt. Ich habe die Traurigkeit dunkel genannt. Ich habe den Wahnsinn hell genannt. Ich habe die Leidenschaft heiß genannt. Ich habe den Zorn rot genannt. Ich habe die letzten Dinge unsagbar genannt. Ich habe das Milieu echt genannt. Ich habe die Natur frei genannt. Ich habe den Schrecken panisch genannt. Ich habe das Lachen befreiend genannt. Ich habe die Freiheit unabdingbar genannt. Ich habe die Treue sprichwörtlich genannt. Ich habe den Nebel milchig genannt. Ich habe die Oberfläche glatt genannt. Ich habe die Strenge alttestamentarisch genannt. Ich habe den Sünder arm genannt. Ich habe die Würde angeboren genannt. Ich habe die Bombe bedrohlich genannt. Ich habe die Lehre heilsam genannt. Ich habe die Finsternis undurchdringlich genannt. Ich habe die Moral verlogen genannt. Ich habe die Grenzen verwischt genannt. Ich habe den Zeigefinger moralisch genannt. Ich habe das Mißtrauen schöpferisch genannt. Ich habe das Vertrauen blind genannt. Ich habe die Atmosphäre sachlich genannt. Ich habe den Widerspruch fruchtbar genannt. Ich habe die Erkenntnisse zukunftsweisend genannt. Ich habe die Redlichkeit intellektuell genannt. Ich habe das Kapital korrupt genannt. Ich habe das Gefühl dumpf genannt. Ich habe das Weltbild verzerrt genannt. Ich habe die Ideologie falsch genannt. Ich habe die Weltanschauung verwaschen genannt. Ich habe die Kritik konstruktiv genannt. Ich habe die Wissenschaft vorurteilslos genannt. Ich habe die Genauigkeit wissenschaftlich genannt. Ich habe die Haut taufrisch genannt. Ich habe die Ergebnisse greifbar genannt. Ich habe das Gespräch nützlich genannt. Ich habe das Dogma starr genannt. Ich habe die Diskussion notwendig genannt. Ich habe die Meinung subjektiv genannt. Ich habe das Pathos hohl genannt. Ich habe die Mystik verworren genannt. Ich habe die Gedanken unausgegoren genannt. Ich habe die Spielerei unnütz genannt. Ich habe die Monotonie ermüdend genannt. Ich habe die Erscheinungen transparent genannt. Ich habe das Sein wahr genannt. Ich habe die Wahrheit tief genannt. Ich habe die Lüge seicht genannt. Ich habe das Leben prall genannt. Ich habe das Geld nebensächlich genannt. Ich habe die Wirklichkeit platt genannt. Ich habe den Augenblick kostbar genannt. Ich habe den Krieg gerecht genannt. Ich habe den Frieden faul genannt. Ich habe den Ballast tot genannt. Ich habe die Gegensätze unvereinbar genannt. Ich habe die Fronten starr genannt. Ich habe das Weltall gekrümmt genannt. Ich habe den Schnee weiß genannt. Ich habe das Wasser flüssig genannt. Ich habe den Ruß schwarz genannt. Ich habe die Kugel rund genannt. Ich habe das Etwas gewiß genannt. Ich habe das Maß voll genannt.

Ich habe mir Gegenstände angeeignet. Ich habe Gegenstände zu Besitz und Eigentum erworben. Ich habe mir Gegenstände angeeignet an Orten, an denen das Aneignen von Gegenständen grundsätzlich verboten war. Ich habe mir Gegenstände angeeignet, die sich anzueignen gesellschaftsfeindlich war. Ich habe an Gegenständen privates Eigentum begründet, an denen privates Eigentum zu begründen unzeitgemäß war. Ich habe Gegenstände zu öffentlichen Gütern erklärt, die dem privaten Eigentum zu entziehen unsittlich war. Ich habe Gegenstände ohne Sorgfalt behandelt, die mit Sorgfalt zu behandeln vorgeschrieben war. Ich habe Gegenstände berührt, die zu berühren unästhetisch und sündhaft war. Ich habe Gegenstände von Gegenständen getrennt, die voneinander zu trennen unratsam war. Ich habe von Gegenständen nicht den gebührenden Abstand gehalten, von denen ein gebührender Abstand zu halten geboten war. Ich habe Personen wie Sachen behandelt. Ich habe Tiere wie Personen behandelt. Ich habe mit Lebewesen Kontakt aufgenommen, mit denen Kontakt aufzunehmen sittenlos war. Ich habe Gegenstände mit Gegenständen berührt, die miteinander zu berühren unnütz war. Ich habe mit Lebewesen und Gegenständen gehandelt, mit denen zu handeln unmenschlich war. Ich habe zerbrechliche Waren ohne Sorgfalt behandelt. Ich habe den Pluspol mit dem Pluspol verbunden.

Ich habe äußerlich anzuwendende Arzneien innerlich angewendet. Ich habe Ausstellungsgegenstände berührt. Ich habe Schorf von halb verheilten Wunden gerissen. Ich habe herabhängende Stromleitungen berührt. Ich habe einschreibepflichtige Briefe nicht eingeschrieben. Ich habe stempelpflichtige Gesuche nicht mit einer Stempelmarke versehen. Ich habe im Trauerfall keine dunklen Kleider getragen. Ich habe mein Gesicht nicht durch eine Creme gegen die Sonne geschützt. Ich habe mit Sklaven gehandelt. Ich habe mit unbeschautem Fleisch gehandelt. Ich habe mit unzureichendem Schuhwerk Berge bestiegen. Ich habe das Obst nicht gewaschen. Ich habe die Kleider von Pesttoten nicht desinfiziert. Ich habe Haarwasser vor dem Gebrauch nicht geschüttelt.

Ich habe geschaut und gehört. Ich habe angeschaut. Ich habe Gegenstände angeschaut, die anzuschauen schamlos war. Ich habe Gegenstände nicht angeschaut, die nicht anzuschauen pflichtvergessen war. Ich habe Vorgängen nicht zugeschaut, denen nicht zuzuschauen spießbürgerlich war. Ich habe Vorgängen nicht in einer Haltung zugeschaut, in der zuzuschauen Vorschrift war. Ich habe bei Vorgängen nicht weggeschaut, bei denen zuzuschauen verräterisch war. Ich habe zurückgeschaut, wenn zurückzuschauen ein Beweis von schlechter Erziehung war. Ich habe weggeschaut, wenn wegzuschauen feig war. Ich habe Personen angehört, die anzuhören gesinnungslos war. Ich habe verbotenes Gelände besichtigt. Ich habe einsturzgefährdete Bauten besichtigt. Ich habe Personen nicht angeschaut, die mit mir gesprochen haben. Ich habe Personen nicht angeschaut, mit denen ich gesprochen habe. Ich habe abzuratende und abzulehnende Filme gesehen. Ich habe staatsfeindliche Mitteilungen in Massenmedien gehört. Ich habe ohne Eintrittskarte Spielen zugeschaut. Ich habe fremde Personen angestarrt. Ich habe ohne dunkle Gläser in die Sonne geschaut. Ich habe beim Geschlechtsakt die Augen offen gehalten.

Ich habe gegessen. Ich habe über den Hunger gegessen. Ich habe über den Durst getrunken. Ich habe mir Speise und Trank einverleibt. Ich habe die vier Elemente zu mir genommen. Ich habe die vier Elemente aus- und eingeatmet. Ich habe zu Zeiten gegessen, zu denen zu essen unbeherrscht war. Ich habe nicht in einer Weise geatmet, in der zu atmen gesund war. Ich habe eine Luft geatmet, die zu atmen unter meinem Stand war. Ich habe eingeatmet, wenn einzuatmen schädlich war. Ich habe an Fasttagen Fleisch gegessen. Ich habe ohne Gasmaske geatmet. Ich habe auf offener Straße gegessen. Ich habe Abgase eingeatmet. Ich habe ohne Messer und Gabel gegessen. Ich habe mir zum Atmen keine Zeit gelassen. Ich habe die Hostie mit den Zähnen gegessen. Ich habe nicht durch die Nase geatmet.

Ich habe gespielt. Ich habe falsch gespielt. Ich habe nach Regeln gespielt, die nach den bestehenden Regeln gegen die Konvention waren. Ich habe an Orten und zu Zeiten gespielt, da zu spielen asozial und weltvergessen war. Ich habe mit Personen gespielt, mit denen zu spielen ehrlos war. Ich habe mit Gegenständen gespielt, mit denen zu spielen gegen das Zeremoniell war. Ich habe an Orten und zu Zeiten nicht gespielt, da nicht zu spielen ungesellig war. Ich habe mit Regeln gespielt, wenn ohne Regeln zu spielen individuell war. Ich habe mit mir selber gespielt, wenn mit andern zu spielen ein Gebot der Menschlichkeit war. Ich habe mit Mächten gespielt, mit denen zu spielen anmaßend war. Ich habe Spiele nicht ernst genommen. Ich habe Spiele zu ernst genommen. Ich habe mit dem Feuer gespielt. Ich habe mit Feuerzeugen gespielt. Ich habe mit gezinkten Karten gespielt. Ich habe mit Menschenleben gespielt. Ich habe mit Sprühdosen gespielt. Ich habe mit dem Leben gespielt. Ich habe mit Gefühlen gespielt. Ich habe mich gespielt. Ich habe ohne Spielnummer gespielt. Ich habe in der Spielzeit nicht gespielt. Ich habe mit der Neigung zum Bösen gespielt. Ich habe mit den Gedanken gespielt. Ich habe mit Selbstmordgedanken gespielt. Ich habe auf einer dünnen Eisfläche gespielt. Ich habe auf fremdem Grund gespielt. Ich habe Verzweiflung gespielt. Ich habe mit meiner Verzweiflung gespielt. Ich habe mit meinem Geschlechtsteil gespielt. Ich habe mit Worten gespielt. Ich habe mit meinen Fingern gespielt.

Ich bin schon mit der Erbsünde behaftet auf die Welt gekommen. Von Natur aus habe ich zum Bösen geneigt. Schon im Neid auf den Milchbruder habe ich meine Bosheit geäußert. Einen Tag lang auf der Welt, bin ich schon nicht mehr frei von der Sünde gewesen. Ich habe plärrend nach den Brüsten der Mutter gegiert. Ich habe nur zu saugen gewußt. Ich habe nur meinen Genuß zu stillen gewußt. Ich habe mit meiner Vernunft nicht die in das Weltall und in meine Natur gelegten Gesetze erkennen wollen. Ich bin schon in Bosheit empfangen worden. Ich bin schon in Bosheit gezeugt worden. Ich habe meine Bosheit im Zerstören der Dinge ausgelassen. Ich habe meine Bosheit im Zertreten von Lebewesen ausgelassen. Ich bin ungehorsam gewesen aus Liebe zum Spiel. Ich habe am Spiel das Siegesgefühl geliebt. Ich habe an phantastischen Geschichten den Kitzel im Ohr geliebt. Ich habe Menschen vergöttert. Ich habe an den Nichtigkeiten der Dichter größeren Gefallen gefunden als an nützlichen Kenntnissen. Ich habe Sprachschnitzer mehr gefürchtet als die ewigen Gesetze. Ich habe nur meinen Gaumen über mich gebieten lassen. Ich habe nur meinen Sinnen vertraut. Ich habe keinen Wirklichkeitssinn bewiesen. Ich habe nicht nur die Schandtaten geliebt, sondern auch das Begehren der Schandtaten. Ich habe das Böse am liebsten in Gesellschaft begangen. Ich habe Mitschuldige geliebt. Ich habe die Mitschuld geliebt. Ich habe an der Sünde die Gefahr geliebt. Ich habe nicht nach der Wahrheit gesucht. Ich habe in der Kunst Lust an meinem Schmerz und an meinem Mitleid empfunden. Ich habe der Augenlust gefrönt. Ich habe nicht das Ziel der Geschichte erkannt. Ich bin gottvergessen gewesen. Ich bin weltvergessen gewesen. Ich habe die Welt nicht als **diese** Welt bezeichnet. Ich habe auch die Himmelskörper zur Welt gerechnet. Ich bin mir selber genug gewesen. Ich bin nur um die weltlichen Dinge besorgt gewesen. Ich habe gegen die Traurigkeit kein kaltes Bad genommen. Ich habe gegen die Leidenschaft kein heißes Bad genommen. Ich habe meinen Körper zweckentfremdet. Ich habe die Tatsachen nicht zur Kenntnis genommen. Ich habe meine leibliche Natur nicht der geistigen Natur untergeordnet. Ich habe meine Natur verleugnet. Ich bin gegen die Natur der Dinge angerannt. Ich habe ungeordnet nach Macht verlangt. Ich habe ungeordnet nach Geld verlangt. Ich habe mir kein Verhältnis zum Geld anerzogen. Ich habe über meine Verhältnisse gelebt. Ich habe mich mit den Verhältnissen nicht abfinden können. Ich habe selbstbestimmend mein Leben gestaltet. Ich habe mich selbst nicht überwunden. Ich habe mich nicht eingeordnet. Ich habe die ewige Ordnung gestört. Ich habe verkannt, daß das Böse nur die Abwesenheit des Guten ist. Ich habe nicht erkannt, daß das Böse nur ein Unwesen ist. Ich habe in meinen Sünden den Tod geboren. Ich habe mich durch die Sünde dem Vieh gleichgemacht, das an der Schlachtbank geschlachtet werden soll, aber an demselben Eisen herumschnüffelt, das bestimmt ist zu seiner Schlachtung. Ich habe den Anfängen nicht widerstanden. Ich habe nicht den Zeitpunkt zum Aufhören gefunden. Ich habe mir vom höchsten Wesen ein Bild gemacht. Ich habe mir vom höchsten Wesen k e i n Bild machen wollen. Ich habe den Namen des höchsten Wesens totgeschwiegen. Ich habe nur an die drei Personen der Grammatik geglaubt. Ich habe mir eingeredet, daß es kein höchstes Wesen gibt, um es nicht fürchten zu müssen. Ich habe die Gelegenheit gesucht. Ich habe die Möglichkeit nicht genützt. Ich bin der Notwendigkeit nicht gefolgt. Ich habe mit dem Zufall nicht gerechnet. Ich habe aus schlechten Beispielen nicht gelernt. Ich habe aus der Vergangenheit nicht gelernt. Ich habe mich dem freien Spiel der Kräfte überlassen. Ich habe die Freiheit mit der Zügellosigkeit verwechselt. Ich habe die Ehrlichkeit mit der Selbstentblößung verwechselt. Ich habe die Obszönität mit der Originalität verwechselt. Ich habe den

Traum mit der Wirklichkeit verwechselt. Ich habe das Leben mit dem Klischee verwechselt. Ich habe den Zwang mit der notwendigen Führung verwechselt. Ich habe die Liebe mit dem Trieb verwechselt. Ich habe die Ursache mit der Wirkung verwechselt. Ich habe keine Einheit zwischen Denken und Handeln beachtet. Ich habe die Dinge nicht gesehen, wie sie sind. Ich bin dem Zauber des Augenblicks erlegen. Ich habe das Dasein nicht als geliehen betrachtet. Ich bin wortbrüchig geworden. Ich habe die Sprache nicht beherrscht. Ich habe die Welt nicht verneint. Ich habe die Obrigkeit nicht bejaht. Ich bin autoritätsgläubig gewesen. Ich habe mit meiner Geschlechtskraft nicht hausgehalten. Ich habe die Lust als Selbstzweck gesucht. Ich bin meiner selber nicht sicher gewesen. Ich bin mir zur Frage geworden. Ich habe meine Zeit vertan. Ich habe die Zeit verschlafen. Ich habe die Zeit anhalten wollen. Ich habe die Zeit vorantreiben wollen. Ich bin mit der Zeit im Widerspruch gestanden. Ich habe nicht älter werden wollen. Ich habe nicht sterben wollen. Ich habe die Dinge nicht auf mich zukommen lassen. Ich habe mich nicht beschränken können. Ich bin ungeduldig gewesen. Ich habe es nicht erwarten können. Ich habe nicht an die Zukunft gedacht. Ich habe nicht an meine Zukunft gedacht. Ich habe von einem Augenblick zum andern gelebt. Ich bin selbstherrlich gewesen. Ich habe getan, als sei ich allein auf der Welt. Ich habe keine Lebensart bewiesen. Ich bin eigenwillig gewesen. Ich bin willenlos gewesen. Ich habe nicht an mir selber gearbeitet. Ich habe nicht in der Arbeit meine Existenzbedingung geschaffen. Ich habe nicht in jedem Armen Gott gesehen. Ich habe das Übel nicht an der Wurzel ausgerottet. Ich habe verantwortungslos Kinder in die Welt gesetzt. Ich habe meine Vergnügungen nicht meinen sozialen Verhältnissen angepaßt. Ich habe schlechte Gesellschaft gesucht. Ich habe immer im Mittelpunkt stehen wollen. Ich bin zuviel allein gewesen. Ich bin zuwenig allein gewesen. Ich habe zu sehr ein Eigenleben geführt. Ich habe die Bedeutung des Wortes »zu« nicht erkannt. Ich habe nicht als mein höchstes

Ziel das Glück aller Menschen betrachtet. Ich habe die Einzelinteressen nicht hinter die Gemeininteressen gestellt. Ich habe mich der Diskussion nicht gestellt. Ich habe Weisungen mißachtet. Ich habe auf unberechtigte Weisungen den Befehl nicht verweigert. Ich habe meine Grenzen nicht erkannt. Ich habe die Dinge nicht im Zusammenhang mit andern gesehen. Ich habe aus der Not keine Tugend gemacht. Ich habe Gesinnungen gewechselt. Ich bin unbelehrbar gewesen. Ich habe mich nicht in den Dienst der Sache gestellt. Ich habe mich mit dem Erreichten zufriedengegeben. Ich habe immer nur mich selber gesehen. Ich habe Einflüsterungen nachgegeben. Ich habe mich nicht für das eine oder das andre entschieden. Ich habe nicht Stellung genommen. Ich habe das Gleichgewicht der Kräfte gestört. Ich habe die allgemein anerkannten Grundsätze verletzt. Ich habe das Soll nicht erfüllt. Ich bin hinter dem gesteckten Ziel zurückgeblieben. Ich bin mir selber ein und alles gewesen. Ich bin zuwenig in der frischen Luft gewesen. Ich bin zu spät aufgewacht. Ich habe den Gehsteig nicht gereinigt. Ich habe Türen nicht verschlossen. Ich bin zu nahe an Käfige getreten. Ich habe Einfahrten nicht freigehalten. Ich habe Ausstiege nicht freigehalten. Ich habe ohne zwingenden Grund die Notbremse gezogen. Ich habe Fahrräder an verbotene Mauern gelehnt. Ich habe gebettelt und hausiert. Ich habe Straßen nicht reingehalten. Ich habe die Schuhe nicht abgestreift. Ich habe mich im fahrenden Zug aus dem Fenster gelehnt. Ich habe in feuergefährdeten Räumen mit offenem Licht hantiert. Ich habe unangemeldet vorgesprochen. Ich bin vor körperbehinderten Personen nicht aufgestanden. Ich habe mich mit brennender Zigarette in ein Hotelbett gelegt. Ich habe Wasserhähne nicht zugedreht. Ich habe auf Parkbänken übernachtet. Ich habe Hunde nicht an der Leine geführt. Ich habe bissigen Hunden keinen Beißkorb umgelegt. Ich habe Stöcke und Schirme nicht an der Garderobe abgegeben. Ich habe vor vollzogenem Kauf Waren berührt. Ich habe Behälter nicht sogleich nach dem Gebrauch des Inhalts wieder verschlossen. Ich habe mit Sprühdosen in Feuer gesprüht. Ich bin bei Rotlicht über Kreuzungen gegangen. Ich bin auf Autobahnen gegangen. Ich bin auf dem Bahnkörper gegangen. Ich bin nicht auf dem Gehsteig gegangen. Ich bin in Straßenbahnen nicht vorgegangen. Ich habe die Haltegriffe nicht benutzt. Ich habe während des Zugaufenthalts in der Station die Toilette benutzt. Ich habe Anweisungen des Personals nicht befolgt. Ich habe auf verbotenen Plätzen Motorfahrzeuge angelassen. Ich habe nicht auf Knöpfe gedrückt. Ich habe in Bahnhöfen die Geleise überschritten. Ich bin bei der Einfahrt von Zügen nicht zurückgetreten. Ich habe die Tragkraft von Aufzügen überfordert. Ich habe die Nachtruhe gestört. Ich habe Plakate auf verbotene Mauern geklebt. Ich habe Türen durch Stoßen öffnen wollen, die durch Ziehen zu öffnen waren. Ich habe Türen durch Ziehen öffnen wollen, die durch Stoßen zu öffnen waren. Ich habe mich nach Einbruch der Dunkelheit auf den Straßen herumgetrieben. Ich habe bei gebotener Verdunkelung Lichter angezündet. Ich habe in Unglücksfällen nicht Ruhe bewahrt. Ich bin bei Ausgehverbot außer Haus gegangen. Ich bin bei einer Katastrophe nicht auf meinem Platz geblieben. Ich habe zuerst an mich selber gedacht. Ich habe ungeordnet Räume verlassen. Ich habe unbefugt Alarmsignale betätigt. Ich habe unbefugt Alarmsignale zerstört. Ich habe nicht die Notausgänge benutzt. Ich habe gedrängt. Ich habe getrampelt. Ich habe nicht mit dem Hammer die Fenster eingeschlagen. Ich habe den Weg versperrt. Ich habe unbefugt Gegenwehr geleistet. Ich bin auf Anruf nicht stehengeblieben. Ich habe die Hände nicht über den Kopf gehalten. Ich habe nicht auf die Beine gezielt. Ich habe bei gezogenem Hahn mit dem Abzug gespielt. Ich habe nicht Frauen und Kinder zuerst gerettet. Ich habe mich Ertrinkenden nicht von hinten genähert. Ich habe die Hände in den Taschen behalten. Ich habe keine Haken geschlagen. Ich habe mir die Augen nicht verbinden lassen. Ich habe keine Deckung gesucht. Ich habe ein leichtes Ziel geboten. Ich bin zu langsam gewesen. Ich bin zu schnell gewesen. Ich habe mich bewegt.

Ich habe nicht die Bewegung meines Schattens als Beweis der Bewegung der Erde angesehen. Ich habe nicht meine Furcht im Dunkeln als Beweis meiner Existenz angesehen. Ich habe nicht die Forderung meiner Vernunft nach Unsterblichkeit als Beweis meiner Existenz nach dem Tod angesehen. Ich habe nicht meinen Ekel vor der Zukunft als Beweis meiner Nichtexistenz nach dem Tod angesehen. Ich habe nicht das Nachlassen des Schmerzes als Beweis des Vergehens der Zeit angesehen. Ich habe nicht meine Lust zu leben als Beweis des Stillstands der Zeit angesehen.

Ich bin nicht, was ich gewesen bin. Ich bin nicht gewesen, wie ich hätte sein sollen. Ich bin nicht geworden, was ich hätte werden sollen. Ich habe nicht gehalten, was ich hätte halten sollen.

Ich bin ins Theater gegangen. Ich habe dieses Stück gehört. Ich habe dieses Stück gesprochen. Ich habe dieses Stück geschrieben.

GRITOS DE SOCORRO

HILFERUFE

Sobre os Discursos

Última das 'Peças Faladas' de Peter Handke, *Gritos de Socorro* é a mais curta das quatro e foi publicada em 1967, mesmo ano da sua estreia.

O texto inicia com uma didascália na qual o autor explicita seus objetivos e dá as coordenadas gerais para a sua encenação. Embora não existam limitações quanto ao número de "oradores", eles devem ser no mínimo dois homens, duas mulheres ou um casal. Peter Handke então nos fala que a função dos oradores é a de "descobrir a palavra socorro através do labirinto de um grande número de frases e palavras".

O autor estrutura seu texto por meio de uma série de jogos de linguagem, parecidos com jogos infantis, como "quente e frio", de "adivinhações", ou então como uma partida de futebol – o esporte favorito de Peter Handke e sobre o qual ele chegou a escrever várias obras (ensaio, romance e roteiro de filme). Suas indicações mais relevantes são:

1. ao enunciar que "as palavras não são empregadas no sentido próprio; elas exprimem apenas a urgência de socorro", o autor busca fazer com que as palavras não sejam ditas no seu sentido primeiro – que pode ser substituído pela palavra socorro. Quando eles "encontram" essa palavra, ela perde o seu significado e os oradores não sentem mais a necessidade de enunciá-la. Ocorre então o esvaziamento do conteúdo por meio de um jogo fonético;
2. somos advertidos de que, como num jogo de futebol, a tensão formal do que é dito aumenta como se fosse o clamor da multidão que acompanha a aproximação dos atacantes até o gol adversário. De maneira oposta, a tensão diminui após uma tentativa malograda de avanço, o que ocorre algumas vezes. Essas indicações expõem uma preocupação formal com o andamento do que é dito, possibilitando uma variação rítmica da encenação;

3. é esperado que os espectadores logo tomem consciência da estrutura e do objetivo do jogo teatral que está sendo encenado: a procura da palavra "socorro". O autor salienta que mesmo que os espectadores tomem a iniciativa de revelar a palavra procurada para os oradores, estes últimos não compreenderão e não se perturbarão por isso;
4. quando a palavra "socorro" for enunciada pela última vez, os oradores poderão "matar a sede bebendo coca-cola" – um gesto/ação que explicita uma crítica ao mundo capitalista e consumista.

Gritos de Socorro é composta de onze parágrafos de tamanhos diferentes e pode ser considerada uma colagem verbal. É possível reconhecer nessa colagem: propagandas, reportagens jornalísticas, notas e instruções, o falar e o escrever formal e burocrático, máximas morais, *slogans*, comandos e exclamações, receitas médicas e sinais de trânsito. Ao apropriar-se de um material preexistente e ao apresentá-lo de maneira tão crua e repetitiva, Peter Handke configura um *ready-made* verbal sem qualquer sequência lógica.

O uso do advérbio de negação "não" nos nove primeiros parágrafos da peça em substituição ao substantivo "socorro", é introduzido na estrutura do texto de maneira gradativa fazendo com que se amplifique o significado da sua presença. A distância entre um "não" e outro no corpo do texto também se efetua de maneira gradativa e crescente: se os primeiros "nãos" aparecem depois de longos períodos, em seguida isso passa a ocorrer após frases curtas e imperativas até que, no final, o "não" surge entre uma palavra e outra, não importando a classe gramatical.

Quando os oradores finalmente parecem encontrar a palavra procurada – socorro – o autor inclui um sinal de interrogação, que transforma essa palavra em pergunta. A resposta será então: "SIM"!

A incidência da palavra "NÃO" ocorre segundo o gráfico abaixo:

INCIDÊNCIA DA PALAVRA "NÃO" EM *GRITOS DE SOCORRO*

Parágrafo	Quantidade de ocorrências
§ 1	01
§ 2	06
§ 3	10
§ 4	11
§ 5	18
§ 6	22
§ 7	36
§ 8	52
§ 9	75

A enunciação repetitiva de uma palavra de sentido tão "negativo" provoca no espectador/ouvinte uma experiência auditiva radical que chega a interferir na percepção de duração da peça: o espectador tem a sensação de que o tempo que ele está ali foi maior do que o tempo real. O orador, mesmo sem querer demonstrar qualquer urgência na perseguição da palavra "socorro", é levado pela forma e estrutura da peça a um ritmo frenético que acaba por explicitar uma certa afobação.

Além do movimento gerado pelas próprias palavras, há o movimento do "NÃO" e do "SIM"; movimentos estes que se abrem para outros, uma vez que o "NÃO" e o "SIM" que são ditos não querem dizer "NÃO" e "SIM".

A peça *Gritos de Socorro* não apresenta uma estrutura baseada na fábula, mas oferece conteúdos muito particulares em cada um de seus onze parágrafos:

§ 1. Através de um longo período, o receptor/ouvinte/espectador é convidado a partilhar da busca e do jogo. Este é o primeiro indício para que ele se dê conta de que está no teatro e de que aquilo que está se passando à sua frente é pura encenação.

§ 2. Aqui os períodos são mais curtos e tem-se a impressão de que as frases foram coletadas após a leitura de textos jornalísticos ou de comunicados institucionais. Exemplo: "Imediatamente após o atentado, as autoridades reuniram todos os meios ao seu alcance para precisar as circunstâncias do assassinato."

Essas frases são enunciadas sem qualquer sequência lógica. Há também aqui o uso da terceira pessoa do plural como se fosse uma prestação de contas.

§ 3. e 4. Os períodos e frases utilizadas nos remetem a títulos e *leads* de matérias jornalísticas. Exemplo: "Um condenado à morte fugiu: NÃO. O presidente depositou uma coroa de flores em nome de todos: NÃO."

§ 5. e 6. Há uma mistura dos registros das linguagens: informativa, institucional, publicitária, médica e jurídica. Exemplo: "A família é a primeira célula do estado: NÃO". [...] "Os trens só vão até a fronteira: NÃO". [...] "O café da manhã está incluído no preço: NÃO."

§ 7. Por meio do uso impessoal de verbos no infinitivo e do uso de frases curtas seguidas da presença do "NÃO", cria-se um movimento de urgência nas instruções apresentadas. Exemplo: "Manter quente: NÃO." [...] "Não mexer: NÃO". [...] "Continuar: NÃO."

§ 8. Aqui há uma fragmentação da informação que se dá ora por meio da omissão do sujeito da ação, ora por meio da omissão da ação ou do predicado. Exemplo: "Excluindo sábado: NÃO." [...] "Não à guerra: NÃO." [...] "Despesa extra: NÃO."

§ 9. Nesse momento o ritmo da peça chega ao seu clímax por meio do uso de palavras isoladas seguidas de ponto de exclamação antes do "NÃO". Várias são as classes de palavras utilizadas – adjetivos, advérbios, interjeições, substantivos, verbos – na criação de um ambiente de desespero e tumulto. Exemplo: "Pé!: NÃO. Voltar!: NÃO. Inri!: NÃO. Bravo!: NÃO. Mãos ao Alto!: NÃO. Olhos Fechados!: NÃO. Fuma!: NÃO."

No final do parágrafo aparece três vezes a pergunta "Socorro?" seguida da resposta "SIM!". Há um alívio da tensão.

§ 10. Compondo uma única palavra estão repetidas quatro vezes as palavras "socorro" e "sim".

§ 11. Seguindo aquilo que havia sido informado na didascália inicial, um único orador pronuncia a palavra "socorro" sem exprimir alegria, mas de maneira expressiva.

Michel Foucault, ao falar dos procedimentos de controle e de delimitação dos discursos nas sociedades, diz que:

> Por mais que o discurso seja aparentemente bem pouca coisa, as interdições que o atingem revelam logo, rapidamente sua ligação com o desejo e o poder. Nisso não há nada de espantoso, visto que o discurso – como a psicanálise nos mostrou – não é simplesmente aquilo que manifesta (ou oculta); é, também, aquilo que é objeto do desejo; e visto que – isso a história não cessa de nos ensinar – o discurso não é simplesmente aquilo que traduz as lutas ou os sistemas de dominação, mas aquilo por que se luta, o poder do qual nós queremos nos apoderar.[1]

Assim, Peter Handke buscava conhecer os poderes do discurso e sua utilização como mecanismo de controle daquilo que se deve ou não falar. Nesse sentido, *Gritos de Socorro* é um campo vasto de exemplos de discursos de vários segmentos da nossa sociedade que compõe nosso cotidiano verbal.

---

1 *A Ordem do Discurso*, p. 10.

esta peça falada pode ser interpretada por vários oradores; o número não é limitado; entretanto, eles serão dois (homens ou mulheres) no mínimo. o papel dos oradores é de descobrir a palavra SOCORRO através do labirinto de um grande número de frases e palavras. elas exprimem foneticamente a necessidade de socorro, fora de toda situação determinada, real. As palavras não são empregadas no seu sentido próprio; elas exprimem apenas a urgência de socorro. enquanto os oradores procuram a palavra "socorro", eles têm necessidade de socorro; quando eles enfim acham a palavra, eles não têm mais necessidade da palavra "socorro". Enquanto eles não acham a palavra, eles falam para descobrir a palavra "socorro"; quando eles encontram a palavra, eles apenas a exprimem, mas não têm mais necessidade de falar para achar a palavra. Quando podem enfim gritar por socorro, eles não têm mais necessidade de gritar. A palavra SOCORRO perdeu o seu significado.

quando eles estão no ponto de achar a palavra "socorro", os oradores aproximam-se constantemente do significado, mesmo da fonética, da palavra procurada; à medida que eles se aproximam dela, a resposta não muda, ela também, de sentido; a tensão formal do que é dito aumenta; ela é comparável às ondulações de clamores numa partida de futebol; quanto mais os atacantes se aproximam do gol do adversário, mais os clamores da multidão aumentam; em contrapartida, elas diminuem após uma tentativa malograda ou frustrada, depois aumentam novamente etc. até que, num último ataque, se encontra a palavra SOCORRO; então explodem a alegria e o bom humor.

espectadores e ouvintes não tardarão a descobrir o que procuraram os oradores. As coisas se passam como num teatro de marionetes quando os heróis são ameaçados pelo crocodilo; aqui, os espectadores, se eles desejarem, sopram para os oradores a palavra-chave SOCORRO, mas os oradores não compreendem; eles interpretam os gritos como verdadeiros gritos de socorro, o que não lhes perturba no contexto da peça. Finalmente, quando os oradores acham a palavra "socorro", isso se transforma num grande grito de triunfo. esse grito é repetido sem parar, até que seu significado esteja inteiramente confuso. o fato de clamar torna-se uma ovação à palavra SOCORRO. Quando essa ovação torna-se insuportável, o coro cala-se, e imediatamente um orador pronuncia, sozinho, a palavra SOCORRO, sem exprimir alegria, mas sim a necessidade de socorro. A palavra é assim pronunciada mais uma vez.

e enfim, os oradores podem matar a sede bebendo COCA-COLA.

para concluir, nossos pensamentos irão, mais uma vez, para todos vocês; chamamos e convidamos, vocês, a procurarem conosco os caminhos de uma compreensão mútua, de um melhor conhecimento uns dos outros, de um diálogo com o coração aberto, de uma existência fraternal numa única comunidade dos homens que abarque verdadeiramente todo o universo: NÃO.

imediatamente após o atentado, as autoridades reuniram todos os meios ao seu alcance para precisar as circunstâncias do assassinato: NÃO. não se preocupem inutilmente, aproveitem as alegrias da vida: NÃO. a afirmação segundo a qual as pessoas em questão foram obrigadas a subir no avião não tem fundamento: NÃO. o perigo de perder o contato profissional é atualmente reduzido: NÃO. as visitas que virão depois de vocês deverão, elas mesmas, utilizar a toalha de mãos: NÃO. não é culpa do perneta se ele é perneta: NÃO.

um condenado à morte fugiu: NÃO. o presidente depositou uma coroa de flores em nome de todos: NÃO. o desemprego está ainda em retrocesso: NÃO. o gelo rachou em muitos lugares: NÃO. o professor repreendeu o aluno desobediente: NÃO. o anticiclone deslocou-se para o leste: NÃO. um provérbio antigo disse alguma coisa: NÃO. após alguns dias, o estado do ferido se agravou: NÃO. o general conduziu à vitória as tropas corajosas: NÃO. os talheres foram esterilizados: NÃO.

a rainha tinha um chapéu novo: NÃO. um desconhecido jogou abaixo algumas pedras tumulares: NÃO. o ator teve uma vertigem no palco: NÃO. uma boca úmida foi a causa de um homicídio: NÃO. os restos mortais foram conduzidos, em silêncio, à suas últimas moradas: NÃO. naquela época os trabalhadores viviam em condições inumanas: NÃO. dois povos mantiveram relações amistosas: NÃO. até o momento, o morto não pode ser identificado: NÃO. o jornal não saiu ontem: NÃO. a lua passou furtivamente diante do sol: NÃO. o soberano foi a pé: NÃO.

os vagões de primeira classe estão na parte da frente do trem: NÃO. depois de cozido, o cogumelo é menos venenoso: NÃO. a família é a primeira célula do estado: NÃO. por motivos excepcionais, o jornal dobrou sua tiragem: NÃO. hoje, todos podem ficar saciados: NÃO. os trens só vão até à fronteira: NÃO. mesmo os policiais furiosos sorriem na presença da rainha: NÃO. a moça enfeita a mesa com uma rosa: NÃO. devido a alta constante dos salários, somos obrigados a aumentar levemente o preço: NÃO. o rei cala-se: NÃO. aqui, fala-se inglês: NÃO. a irmã do camponês está no bosque: NÃO. facas, garfos, tesouras e luz serão mantidos fora do alcance das crianças: NÃO. a bomba vem do oriente: NÃO. o que está certo assim permanecerá: NÃO. nossos quartos são frios: NÃO. o pai trabalha no campo: NÃO. quem não quer ouvir os conselhos se instruirá a suas custas: NÃO.

o café da manhã está incluído no preço: NÃO. vocês penetraram em zona proibida: NÃO. o trem chegará provavelmente com alguns minutos de atraso: NÃO. nós vos agradecemos a vossa visita: NÃO. requerimentos ilegíveis serão devolvidos a seus remetentes: NÃO. a consumação de álcool em dose fraca não é nociva: NÃO. já pagou a taxa do rádio: NÃO. deves permanecer fora, é uma ordem da polícia: NÃO. os serviços da cruz vermelha procuram os seguintes civis: NÃO. a cabeça do criminoso foi colocada a prêmio: NÃO. a última fila deve permanecer livre: NÃO. todos aguardam ardentemente o apito final: NÃO. reclamações em atraso não serão levadas em consideração: NÃO. queiram regular seus aparelhos no volume máximo: NÃO. sigam-me sem fazer alarde: NÃO. nós vos desejamos boa viagem: NÃO. a calúnia é passível de pena de morte: NÃO. mostrem-me as suas mãos: NÃO. o verde é repousante para os olhos: NÃO. o rei é partidário da reforma: NÃO. dê-me a sua carteira de identidade: NÃO. quem for encontrado na rua após o pôr do sol será fuzilado: NÃO.

continuar por sua conta e risco: NÃO. manter quente: NÃO. partir neste lugar: NÃO. suprimir as citações inúteis: NÃO. não misturar a receita de dois caixas: NÃO. subir atrás: NÃO. Não comer durante duas horas: NÃO. apresentar documentos espontaneamente: NÃO. quebrar a vidraça: NÃO. não incomodar: NÃO. usar a entrada de serviço: NÃO. ler atentamente o modo de usar: NÃO. preencher cuidadosamente com letras impressas: NÃO. recolher a cabeça: NÃO. segurar as crianças pela mão: NÃO. conservar o bônus de caixa: NÃO. dar volta à chave duas vezes: NÃO. não perder a cabeça: NÃO. não mexer: NÃO. não dar bebida ao afogado: NÃO. não esfregar as manchas com saliva: NÃO. ter os documentos à disposição: NÃO. continuar: NÃO. não dobrar: NÃO. limpar os sapatos: NÃO. trocar: NÃO. abrir caminho: NÃO. colocar uma atadura em cima da ferida: NÃO. deixar de puxar: NÃO. comprar agora: NÃO. levantar o braço: NÃO. sacudir: NÃO. aguardar um sinal do empregado: NÃO. tocar uma vez: NÃO. fechar as portas: NÃO. proteger da luz do sol: NÃO.

em nome da República: NÃO. numa coluna da nossa edição de ontem: NÃO. intervalo para almoço das doze às quatorze horas: NÃO. uma garantia de seis meses: NÃO. a primeira porta à esquerda: NÃO. atenção trabalhos: NÃO. mantenha seu sangue frio: NÃO. vestuário livre: NÃO. caça proibida de março a setembro: NÃO. grupo sanguíneo O: NÃO. precisa-se de aprendiz: NÃO. situação exposta ao sol: NÃO. condenado à morte por contumácia: NÃO. medidas: 95 – 60 – 88: NÃO. antes e depois do tratamento: NÃO. água não potável: NÃO. todas as reciprocidades: NÃO. polícia a cinco mil metros: NÃO. pedido reiterado: NÃO. excluindo sábados: NÃO. um morto desconhecido: NÃO. bilheteria fechada provisoriamente: NÃO. duas a três colheres ao dia: NÃO. perigo de demora: NÃO. sem vagão restaurante: NÃO. do nosso catálogo: NÃO. quinquagésima segunda semana!: NÃO. tinta fresca: NÃO. hoje aberto ininterruptamente: NÃO. devido à duração do filme, não se projeta o jornal da semana: NÃO. despesa extra: NÃO. partir sem deixar o endereço: NÃO. somente nos dias de trabalho: NÃO. contra as crises de asma: NÃO. plataforma número um: NÃO. destinatário desconhecido neste endereço: NÃO. mudança dos horários de abertura: NÃO. bens imobiliários: NÃO. perigo de black-out: NÃO. rua sem saída: NÃO. contra os parasitas: NÃO. não à guerra: NÃO. seção para senhoras e crianças: NÃO. na décima volta: NÃO. voluntários de primeira: NÃO. para os casos graves: NÃO. na direção da rodovia: NÃO. sabão e toalhas automáticos: NÃO. nesta empresa haverá greve: NÃO. paz segundo: NÃO. liberdade para: NÃO. prisão perpétua, numa cama dura, mês após mês, e escuridão na cela no aniversário do crime: NÃO.

luz!: NÃO. entra!: NÃO. baixo!: NÃO. obrigado!: NÃO. obedeceis!: NÃO. levantar a cabeça!: NÃO. para todos!: NÃO. nome próprio!: NÃO. a partir de hoje!: NÃO. o seguinte!: NÃO. atenção!: NÃO. seguir eles por favor!: NÃO. profissão!: NÃO. nunca!: NÃO. pena!: NÃO. para a ducha!: NÃO. precisa-se!: NÃO. até nova ordem!: NÃO. estrangulado!: NÃO. que venha!: NÃO. a porta!: NÃO. dispa-se!: NÃO. imediatamente!: NÃO. deitado!: NÃO. mais longe!: NÃO. pé!: NÃO. voltar!: NÃO. inri!: NÃO. bravo!: NÃO. mãos ao alto!: NÃO. olhos fechados!: NÃO. fuma!: NÃO. na esquina!: NÃO. pst!: NÃO. ah!: NÃO. sentado!: NÃO. mãos sobre a mesa!: NÃO. contra a parede!: NÃO. nem mas nem meio mas!: NÃO. nem para frente nem para trás!: NÃO. sim!: NÃO. agora!: NÃO. depor!: NÃO. não prender!: NÃO. pare!: NÃO. fogo!: NÃO. eu afogo-me!: NÃO. ah!: NÃO. mas!: NÃO. não: NÃO! olá!: NÃO. santo!: NÃO. santo, santo, santo!: NÃO. por aqui!: NÃO. boca fechada!: NÃO. quente!: NÃO. do ar!: NÃO. içar!: NÃO. água!: NÃO. daí!: NÃO. perigo de vida!: NÃO. nunca mais!: NÃO. perigo de morte!: NÃO. alerta!: NÃO. vermelho!: NÃO. viva!: NÃO. luz!: NÃO. atrás!: NÃO. não!: NÃO. lá!: NÃO. aqui!: NÃO. para cima!: NÃO. ali!: NÃO. NÃO. NÃO. socorro?: SIM!
socorro?: SIM!
socorro?: SIM!

socosIMrrosIMsocosIMrrosIMsocosIMrrosIMsocosIMrrosIMso-
cosIMrrosIMsocosIM

rrosIMsocorro.

socorro.

an diesem sprechstück können beliebig viele personen mitwirken; es werden jedoch mindestens zwei gebraucht (die männlich oder weiblich sein können). die aufgabe der sprecher ist es, den weg über viele sätze und wörter zu dem gesuchten wort HILFE zu zeigen. sie spielen das bedürfnis nach hilfe, losgelöst von einer bestimmten, wirklichen lage, akustisch den zuhörern vor. die sätze und wörter werden dabei nicht in ihrer üblichen bedeutung gesprochen, sondern mit der bedeutung des suchens nach hilfe, während die sprecher nach dem wort hilfe suchen, brauchen sie hilfe; wenn sie dann aber endlich das wort hilfe gefunden haben, haben sie keine hilfe mehr nötig. bevor sie das wort hilfe finden, sprechen sie *um* hilfe, während sie dann, wenn sie das wort hilfe gefunden haben, nur noch *hilfe* sprechen, ohne es mehr nötig zu haben, *um* hilfe zu sprechen. wenn sie hilfe rufen können, brauchen sie schon nicht mehr *um* hilfe zu rufen: sie sind erleichtert, daß sie hilfe rufen können. das wort HILFE hat seine bedeutung verloren.

auf dem weg zu dem wort hilfe geraten die sprecher immer wieder in die bedeutungsnähe oder auch nur in die akustische nähe des gesuchten wortes: je nach dieser nähe ändert sich auch die jeweilige NEIN-antwort, die auf jeden versuch folgt: die formale spannung des sprechens wird größer; sie ist in ihrem ablauf etwa der geräuschkurve bei einem fußballspiel ähnlich: je näher die stürmer dem tor des gegners kommen, desto mehr schwillt das massengeräusch, stirbt dann aber jeweils nach einem mißlungenen oder vereitelten versuch wieder ab, schwillt von neuem an usw., bis das wort HILFE in einem letzten ansturm gefunden ist: dann herrscht eitel freude und sonnenschein unter den sprechern.

die zuschauer und zuhörer erkennen bald, um was es den sprechern geht, wenn sie freilich, wie beim kasperlespiel die kinder, den spielern zurufen wollen, um was es geht: HILFE, so werden die sprecher, wie beim kasperlespiel die vom krokodil bedrohten, nicht verstehen, worum es geht, vielmehr die hilfreichen HILFE-zurufe nur als *wirkliche* hilferufe aufnehmen, die die sprecher nur beim *spiel* stören. am schluß, als die sprecher endlich das wort hilfe gefunden haben, wird dieses zu einem großen triumphschrei und so oft wiederholt, bis seine bedeutung völlig durcheinandergekommen ist. das *sprechen* des wortes hilfe wird zu einer ovation, die dem *wort* hilfe gebracht wird. wenn diese ovation fast unerträglich wird, bricht der massenchor ab, und ein sprecher spricht sofort das wort HILFE allein, ohne den ausdruck der freude, aber auch ohne einen ausdruck der hilfsbedürftigkeit. das wort HILFE wird so einmal gesprochen.

die sprecher können zwischendurch auch COCA COLA trinken.

zum abschluß indem wir noch einmal an euch alle denken rufen wir euch auf und laden euch ein mit uns gemeinsam die wege zu gegenseitigem verstehen zu vertieftem wissen zu einem weiten herzen zu einem brüderlichen leben in der einen wahrhaft welt-umspannenden gemeinschaft der menschen zu suchen: NEIN.

unmittelbar nach dem mordanschlag haben die behörden alle zur verfügung stehenden mittel aufgeboten um klarheit über die mordtat zu gewinnen: NEIN. belasten sie sich nicht mit unnötigen sorgen sondern genießen sie die schöne zeit: NEIN. die behauptung daß die fraglichen personen gezwungen wurden das flugzeug zu besteigen ist aus der luft gegriffen: NEIN. die gefahr beruflich den anschluß zu verlieren ist zur Zeit gering: NEIN. auch die besucher nach ihnen wollen das handtuch benutzen: NEIN. der krüppel kann nichts dafür daß er ein krüppel ist: NEIN.

ein zum tod verurteilter ist entflohen: NEIN. das staatsoberhaupt hat im namen aller einen kranz niedergelegt: NEIN. die arbeitslosigkeit ist weiter zurückgegangen: NEIN. im eis haben sich an einigen stellen risse gezeigt: NEIN. der lehrer hat den ungehorsamen schüler getadelt: NEIN. das hoch hat sich nach osten verlagert: NEIN. ein altes sprichwort hat etwas gesagt: NEIN. im befinden des angeschossenen ist neuerlich eine verschlechterung eingetreten: NEIN. der feldherr hat die tapferen truppen zum sieg geführt: NEIN. das besteck ist keimfrei gemacht: NEIN.

die königin trug einen neuen hut: NEIN. ein unbekannter warf einige grabsteine um: NEIN. der schauspieler erlitt auf offener bühne einen schwächeanfall: NEIN. eine feuchte Lippe war die ursache eines totschlags: NEIN. die gebeine wurden in aller stille zur letzten ruhe gebettet: NEIN. die arbeiter hausten damals unter menschenunwürdigen verhältnissen: NEIN. zwei völker reichten einander die hand: NEIN. ein toter konnte bis jetzt identifiziert werden: NEIN. die zeitung erschien gestern nicht: NEIN. der mond schob sich planmäßig vor die sonne: NEIN. der herrscher ging zu fuß: NEIN.

die wagen der ersten klasse befinden sich im vorderen zugabschnitt: NEIN. nach dem kochen ist der pilz nicht mehr so giftig: NEIN. die familie ist die keimzelle des staates: NEIN. aus besonderem anlaß erscheint die zeitung in doppeltem umfang: NEIN. jeder kann heute satt werden: NEIN. die züge fahren nur bis zur grenze: NEIN. selbst die grimmigen polizisten werden beim anblick der herrscherin weich: NEIN. das mädchen schmückt den tisch mit einer rose: NEIN. auf grund der ständig steigenden löhne sehen wir uns gezwungen den preis geringfügig zu erhöhen: NEIN. der könig schweigt: NEIN. hier wird englisch gesprochen: NEIN. die schwester des bauern ist im wald: NEIN. messer gabel schere und licht sind nichts für kleine kinder: NEIN. die bombe kommt aus dem osten: NEIN. was recht ist muß recht bleiben: NEIN. unsere räume sind gekühlt: NEIN. der vater arbeitet auf dem feld: NEIN. wer nicht hören will muß fühlen: NEIN.

das frühstück ist im preis inbegriffen: NEIN. sie betreten verbotenes gelände: NEIN. der zug wird voraussichtlich mit einigen minuten verspätung eintreffen: NEIN. wir danken ihnen für ihren besuch: NEIN. unleserliche gesuche werden zurückgewiesen: NEIN. alkohol in mäßigen mengen genossen ist nicht schädlich: NEIN. haben sie ihre rundfunkgebühren schon bezahlt: NEIN. du mußt draußen bleiben die Polizei verlangt es: NEIN. der suchdienst des roten kreuzes sucht folgende zivilpersonen: NEIN. auf den kopf des täters ist eine hohe belohnung gesetzt: NEIN. die letzte reihe muß frei bleiben: NEIN. alles wartet gespannt auf den schlußpfiff: NEIN. verspätete reklamationen werden nicht berücksichtigt: NEIN. stellen sie bitte ihre geräte auf zimmerlautstärke: NEIN. folgen sie mir unauffällig:

NEIN. wir wünschen ihnen eine gute reise: NEIN. mundraub wird mit tode bestraft: NEIN. zeigen sie ihre hände: NEIN. grün ist gut für die augen: NEIN. der monarch ist reformfreudig: NEIN. geben sie mir ihren ausweis: NEIN. wer sich nach sonnenuntergang auf offener straße befindet wird erschossen: NEIN.

weitergehen auf eigene gefahr: NEIN. warm halten: NEIN. an dieser stelle abreißen: NEIN. unzutreffendes streichen: NEIN. nicht kassierte münzen unten entnehmen: NEIN. hinten einsteigen: NEIN. zwei stunden nichts essen: NEIN. karten unaufgefordert vorweisen: NEIN. die scheibe eindrücken: NEIN. nicht stören: NEIN. den diensteingang benützen: NEIN. die gebrauchsanweisung genau durchlesen: NEIN. mit blockbuchstaben säuberlich ausfüllen: NEIN. kopf einziehen: NEIN. kinder an der hand halten: NEIN. den kassenzettel aufbewahren: NEIN. schlüssel zweimal umdrehen: NEIN. nicht den kopf verlieren: NEIN. still halten: NEIN. dem ertrunkenen nichts zu trinken geben: NEIN. schmutzflecke nicht mit speichel entfernen: NEIN. ausweise bereithalten: NEIN. weitergehen: NEIN. nicht knicken: NEIN. schuhe abstreifen: NEIN. umsteigen: NEIN. platz machen: NEIN. oberhalb der bißwunde abbinden: NEIN. ziehen lassen: NEIN. NEIN. jetzt kaufen: NEIN. den arm heben: NEIN. umrühren: NEIN. amtszeichen abwarten: NEIN. einmal läuten: NEIN. türen schließen: NEIN. vor sonnenlicht schützen: NEIN.

im namen der republik: NEIN. in einem teil unsrer gestrigen auflage: NEIN. mittagspause von zwölf bis vierzehn uhr: NEIN. ein halbes jahr garantie: NEIN. die erste tür links: NEIN. achtung bauarbeiten: NEIN. prüfe deine schrecksekunde: NEIN. garderobe frei: NEIN. schonzeit von märz bis september: NEIN. blutgruppe o: NEIN. lehrjunge gesucht: NEIN. sonnige lage: NEIN. in abwesenheit zum tode verurteilt: NEIN. maße fünfundneunzig-sechzig-achtundachtzig: NEIN. vor der behandlung und nach der behandlung: NEIN. kein trinkwasser: NEIN. polizei fünftausend meter: NEIN. auf vielfachen wunsch: NEIN. nicht an samstagen: NEIN. ein unbekannter toter: NEIN. schalter vorübergehend geschlossen: NEIN. zwei bis drei löffel am tag: NEIN. gefahr im verzug: NEIN. kein speisewagen: NEIN. aus unserem katalog: NEIN. zweiundfünfzigste woche!: NEIN. frisch gestrichen: NEIN. heute durchgehend geöffnet: NEIN. wegen überlänge des films keine wochenschau: NEIN. extraausgabe: NEIN. unbekannt verzogen: NEIN. nur an werktagen: NEIN. gegen erstickungsanfälle: NEIN. bahnsteig eins: NEIN. empfänger hier unbekannt: NEIN. geänderte anfangszeiten: NEIN. eigentumswohnungen: NEIN. verdunkelungsgefahr: NEIN. sackgasse: NEIN. gegen ungeziefer: NEIN. nie wieder krieg: NEIN. abteil für frau und kind: NEIN. in der zehnten runde: NEIN. freiwillige vor: NEIN. für den ernstfall: NEIN. zur autobahn: NEIN. seife und handtuch im automaten: NEIN. dieser betrieb wird bestreikt: NEIN. frieden in: NEIN. freiheit für: NEIN. lebenslänglich verschärft durch ein hartes lager monatlich und dunkelhaft am jahrestag der tat: NEIN.

licht aus!: NEIN. herein!: NEIN. leise!: NEIN. danke!: NEIN. melde gehorsamst!: NEIN. kopf hoch!: NEIN. an alle!: NEIN. vorname!: NEIN. ab heute!: NEIN. der nächste!: NEIN. vorsicht!: NEIN. bitte nach ihnen!: NEIN. beruf!: NEIN. niemals!: NEIN. leider!: NEIN. zur dusche!: NEIN. gesucht!: NEIN. bis auf weiteres!: NEIN. durch den strang!: NEIN. her damit!: NEIN. tür zu!: NEIN. ausziehen!: NEIN. ab sofort!: NEIN. nieder!: NEIN. weiter!: NEIN. fuß!: NEIN. zurück!: NEIN. inri!: NEIN. bravo!: NEIN. hände hoch!: NEIN. augen zu!: NEIN. rauch!: NEIN. in die ecke!: NEIN. pst!: NEIN. aha!: NEIN. setzen!: NEIN. hände auf den tisch!: NEIN. an die wand!: NEIN. kein aber!: NEIN. weder vor noch zurück!: NEIN. ja!: NEIN. kein später!: NEIN. hinlegen!: NEIN. kein halten!: NEIN. halt!: NEIN. feuer!: NEIN. ich ertrinke!: NEIN. ah!: NEIN. ach!: NEIN. nein!: NEIN. hallo!: NEIN. heilig!: NEIN. heilig heilig heilig!: NEIN. hierher!: NEIN. mund zu!: NEIN. heiß!: NEIN. luft!: NEIN. hissen!: NEIN. wasser!: NEIN. davon!: NEIN. lebensgefahr!: NEIN. nie wieder!: NEIN. todesgefahr!: NEIN. alarm!: NEIN. rot!: NEIN. heil!: NEIN. licht!:

NEIN. hinten!: NEIN. nicht!: NEIN. da!: NEIN. hier!: NEIN. hinauf!: NEIN. hin!: NEIN. NEIN. NEIN.
hilfe?: JA!
hilfe?: JA!
hilfe?: JA!

hilJAfeJAhilJAfeJAhilJAfeJAhilJAfeJAhilJAfeJAhilfe

hilfe

REFLEXÕES

Diante do vasto universo dramatúrgico de Peter Handke, cheio de provocações e de inovações, se mostrou necessário uma pesquisa que explicitasse e contextualizasse suas questões com o intuito de apresentá-lo e torná-lo ainda mais acessível ao público brasileiro.

Por meio da leitura de outras prosas narrativas de Peter Handke da década de 1960 se percebe, também nelas, um não conformismo com os modelos estabelecidos, o voltar-se contra as convenções da literatura tradicional. No seu romance *Der Hausierer* (O Mascate) – publicado em 1967 – as inovações são diversas. Nesse romance policial cada um dos doze capítulos está dividido em duas partes: a primeira está escrita em itálico e apresenta os princípios desse tipo de romance; já a segunda parte, em tipologia normal, apresenta a sequência da ação que, quase sempre, confirma os princípios anteriormente mencionados. É uma metanarrativa precedida por uma metateoria.

Em 1969, uma grande dose de experimentalismo e ousadia também estão no seu primeiro livro de poesias: *Deutsche Gedichte* (Poesias Alemãs). São boletins do mercado financeiro, os números da loteria de 30 de Novembro de 1968, notícias diversas de jornais, horários das missas de domingo de uma paróquia etc., colocados dentro de envelopes costurados sob uma capa de livro. O procedimento aqui adotado é o mesmo que o Grupo de Viena utilizou em muitos dos seus trabalhos: a origem do material coletado é secundária.

Nesses dois exemplos acima, forma e conteúdo dialogam na busca de novos caminhos.

São também novos os caminhos que a produção dramatúrgica de Peter Handke nos anos de 1960 nos apresenta, caracterizada pela irreverência, pela rebeldia, pela inquietação e pelo inconformismo. Suas Peças Faladas são a desconstrução de estruturas da linguagem teatral dramática e uma negação da dramaturgia estabelecida. Ao excluir personagens, ao eliminar a fábula, ao desconstruir o enredo, ao abandonar a forma dialógica do discurso, ao utilizar o tempo e o espaço compartilhado com o espectador, ao incorporar nas suas peças características do *happening* e da performance, ao usar a linguagem para criticar a própria linguagem, ao explicitar o fazer teatral como o simulacro da realidade, ao propor uma nova relação teatro/espectador, Peter Handke foi um dos precursores do que pode ser tido como uma dramaturgia pós-dramática.

Quando *Kaspar* surge em 1967 é considerada de imediato o *Esperando Godot*[1] dos anos sessenta. Estruturada em ato único e com um único personagem (além dos interlocutores), essa peça vai discutir o poder da linguagem ao denunciar a língua como instrumento de condicionamento e de dominação. Como ocorria nas suas Peças Faladas, também em *Kaspar* a linguagem é questionada.

Em 1970, com a publicação e encenação de *A Cavalgada Sobre o Lago de Constança*, Handke se lança ainda mais longe:

---

1 Peça do dramaturgo irlandês Samuel Beckett (1906–1989), escrita em francês, que estreou em 1953. A peça não conta uma história, mas apresenta uma sequência de acontecimentos; é considerada a grande representante do teatro do absurdo, já nos anos de 1950.

os atores – não mais os oradores – utilizam os próprios nomes como referência e não interpretam personagens. Eles se envolvem numa longa conversa – a língua como instrumento – para discutir o que são e o que foi feito das suas vidas.

A inquietação de Peter Handke continuará a gerar outros textos teatrais: *O Menor Quer Ser Tutor*, de 1968 e *A Hora em Que Não Sabíamos Nada Uns dos Outros*, de 1991. Essas peças são denominadas ora como "peças mudas", ora como "mimodramas" ou como "ações mudas de *happening*". A verborragia e a imobilidade das Peças Faladas são substituídas por uma longa didascália que, além de explicitar as ações físicas das personagens nos mínimos detalhes, acaba por reforçar o uso do metateatro e da metalinguagem. Cala-se o ator mas não aquilo que o mobiliza, e o verbo continua ação sem a necessidade de ser pronunciado.

Depois disso ele ainda produziria uma dramaturgia que, independentemente dos rótulos, se mostraria em boa parte instigante, polêmica e provocadora, como: *Os Desajuizados Estão em Vias de Morrer* (1973), *Pelas Aldeias* (1981), *O Jogo das Perguntas ou A Viagem à Terra Sonora* (1992) e *Preparativos da Imortalidade* (1997).

Em meados dos anos de 1980 e início dos noventa, o Peter Handke autor de romances e contos é apresentado ao leitor brasileiro com as traduções das seguintes obras: *A Mulher Canhota* e *Breve Carta Para um Longo Adeus* (1985); *O Medo do Goleiro Diante do Pênalti* e *Bem-Aventurada Infelicidade* (1988); *A Repetição* (1988); *A Ausência* (1989); *História de uma Infância* (1990) e *A Tarde de um Escritor* (1993).

O questionamento sobre o trabalho da escritura aparece com frequência em seus escritos. Em *Breve Carta Para um Longo Adeus*, à página 169, o personagem narrador da história, que é um escritor, quando indagado por um dramaturgo se ele continuava escrevendo a sua peça, assim responde:

Acho difícil criar personagens – respondi. Quando caracterizo alguém, parece que o estou degradando. Todas as coisas especiais numa personagem transformam-se em tiques. Sinto que não consigo fazer justiça com os outros, como eles fazem comigo. Quando faço pessoas falarem no palco, depois das primeiras frases elas já se fecham e congelam para sempre num conceito. Por isso talvez eu prefira escrever romances.

É possível ver nas palavras dessa personagem resquícios do pensamento e das ideias de Peter Handke, que não criou personagens para as suas Peças Faladas.

O público brasileiro também teve acesso à obra desse autor por meio de mostras de cinema do novo cinema alemão, quando o nome de Peter Handke aparecia como roteirista de três filmes dirigidos por Wim Wenders: *O Medo do Goleiro Diante do Pênalti*, *Movimento em Falso* e *Asas do Desejo*.

Em *Movimento em Falso*[2], Peter Handke conta a viagem de Wilhelm Meister – nome da personagem de Goethe – pela Alemanha. Wilhelm quer tornar-se escritor. Numa das cenas, enquanto ele escreve num caderno de notas, lê-se: "Eu não estou desesperado, estou apenas tristonho, irritado. Após dois dias eu não consegui mais que uma palavra. Eu tenho a impressão de que minha língua desapareceu da minha boca. Mas todas as noites eu falo sonhando, diz minha mãe. Eu gostaria de ser um escritor. Mas como é possível sem ter inveja dos outros?"[3]

Tudo isso faz de Peter Handke um criador importante para a compreensão do teatro do século XX e um instigador de novas experiências para os tempos que ainda estão por vir, neste novo século em que começamos uma nova caminhada.

---

2   J. Guinsburg e Ingrid Dormiem Koudela, em A.S. da Silva (org.), *J. Guinsburg: Diálogos Sobre Teatro*, p. 155s, iniciam o ensaio "Teatro da Utopia: Utopia do Teatro?" com um excerto de diálogo desse roteiro, onde questionam se "O estético pode determinar uma ação política? Ou, inversamente, se o estético pode ser orientado pelo político?"

3   *Faux mouvement*, p. 9.

REFERÊNCIAS

Literatura Primária – Obras de Peter Handke

Publikumsbeschimpfung und andere Sprechstücke. Frankfurt: Suhrkamp, 1966.
Kaspar. Frankfurt: Suhrkamp, 1968.
Die Innenwelt der Aussenwelt der Innenwelt. Frankfurt: Suhrkamp, 1969.
Prosa Gedichte Theaterstücke Hörspiel Aufsätze. Frankfurt: Suhrkamp, 1970.
Ich bin ein Bewohner des Elfenbeinturms. Frankfurt: Suhrkamp, 1972.
Der Kurze Brief zum langen Abschied. Frankfurt: Suhrkamp, 1973.
La Chevauchée sur le lac de Constance. Paris: L'Arche, 1974.
Der Rand der Wörter. Stuttgart: Philipp Reclam, 1975.
Die Stunde der wahren Empfindung. Frankfurt: Suhrkamp, 1975.
Kaspar and other Plays. New York: Farrar and Giroux, 1975.
Le Malheur indifférent. Paris: Gallimard, 1975.
Teatro. Lisboa: Plátano, 1975.
Wunschloses Unglück. Frankfurt: Suhrkamp, 1975.
Das Gewicht der Welt. Salzburg: Residenz, 1977.
Les Gens déraisonnables sont en vie de disparition. Paris: L'Arche, 1978.
Kaspar. Porto Alegre: Instituto Goethe no Brasil, 1978.
Langsame Heimkehr. Frankfurt: Suhrkamp, 1979.
Die Lehre der Sainte-Victoire. Frankfurt: Suhrkamp, 1980.
Kindergeschichte. Frankfurt: Suhrkamp, 1981.
Über die Dörfer. Frankfurt: Suhrkamp, 1981.
Par les villages. Paris: Gallimard, 1983.

Phantasien der Wiederholung. Frankfurt: Suhrkamp, 1983.
A Mulher Canhota e Breve Carta Para um Longo Adeus. São Paulo: Brasiliense, 1985.
Le Pupile veut être tuteur. Paris: L'Arche, 1985.
Der Chinese des Schmerzes. Frankfurt: Suhrkamp, 1986.
Die Wiederholung. Frankfurt: Suhrkamp, 1986.
Faux mouvement. Paris: Christian Bourgois, 1986.
Nachmittag eines Schriftstellers. Salzburg: Residenz, 1987.
A Hora da Sensação Verdadeira. Lisboa: Difel, 1988.
A Repetição. Rio de Janeiro: Rocco, 1988.
A Tarde de um Escritor. Lisboa: Presença, 1988.
Essai sur la fatigue, sur le juke-box, sur la journée réussie. Paris: Gallimard, 1988.
O Chinês da Dor. Lisboa: Relógio D'Água, 1988.
O Medo do Goleiro Diante do Pênalti e Bem-Aventurada Infelicidade. São Paulo: Brasiliense, 1988.
A Ausência. Rio de Janeiro: Rocco, 1989.
Versuch über die Müdigkeit. Frankfurt: Suhrkamp, 1989.
Die linkshändige Frau. Frankfurt: Suhrkamp, 1990.
Ensaio Sobre el Cansancio. Madrid: Alianza, 1990.
História de uma Infância. São Paulo: Companhia das Letras, 1990.
Versuch über die Jukebox. Frankfurt: Suhrkamp, 1990.
Abschied des Träumers vom neunten Land. Frankfurt: Suhrkamp, 1991.
Versuch über den geglückten Tag. Frankfurt: Suhrkamp, 1991.
Espaces intermédiaires. Paris: Christian Bourgois, 1992 (com GAMPER, Herbert).
J'habite une tour d'ivoire. Paris: Christian Bourgois, 1992.
Langsam im Schatten. Frankfurt: Suhrkamp, 1992.
Noch einmal fur thukydides. Stuttgart: Philipp Reclam, 1992.
Theaterstücke in einen Band. Frankfurt: Suhrkamp, 1992.
Mein Jahr in der Niemandsbucht: ein Märchen aus den neuen Zeiten. Frankfurt: Suhrkamp, 1994.
Die Stunde da wir nichts voneinander wussten. Frankfurt: Suhrkamp, 199a.
Die Tage gingen wirklich ins Land. Suttgart: Philipp Reclam, 1995.
Eine winterliche Reise zu den Flüssen Donau, Save, Morawa und Drina oder, Gerechtigkeit fur Serbien. Frankfurt: Suhrkamp, 1996.
In einer dunklen Nacht ging ich aus meinem stillen Haus. Frankfurt: Suhrkamp, 1997.
Am Felsfenster morgens (und andere Ortszeitein 1982 – 1987). Salzburg: Residenz, 1998.
Préparatifs d'immortalité. Paris: L'Arche, 1998.
Outrage au public et autres pièces parlées. Paris: L'Arche, 2000.
A Hora em Que Não Sabíamos Nada Uns dos Outros. Lisboa: Cotovia, 2001.
Pourquoi la cuisine? Paris: Gallimard, 2001b.
Der Bildverlust oder durch die Sierra de Gredos. Frankfurt: Suhrkamp, 2002.
Poema à Duração. Lisboa: Assírio & Alvim, 2002.
Le Colporteur. Paris: Gallimard, 2002.
Lucie dans la forêt avec les trucs-machins. Paris: Gallimard, 2002.
Rund um das Grosse Tribunal. Frankfurt: Suhrkamp, 2003.
Don Juan (erzählt von ihm selbst). Frankfurt: Suhrkamp, 2004.

Literatura Secundária

ABEL, Lionel. *Metateatro*. Rio de Janeiro: Zahar, 1968.

ADORNO, T.W. *Notas de Literatura*. Rio de Janeiro: Tempo Brasileiro, 1973.

_____. *Théorie esthétique*. Paris: Klincksieck, 1974.

_____. *Filosofia da Nova Música*. São Paulo: Perspectiva, 1989.

ARISTÓTELES. *Arte Retórica e Arte Poética*. Tradução de Antônio Pinto de Carvalho. Rio de Janeiro: Tecnoprint, [s.d.].

ASLAN, Odette. *Jean Genet*. Paris: Seghers, 1973.

_____. *O Ator no Século XX*. São Paulo: Perspectiva, 1994.

BENNETT, Susan. *Theater Audiences: A Theory of Production and Reception*. London: Routledge, 1990.

BERTHOLD, Margot. *História Mundial do Teatro*. São Paulo: Perspectiva, 2005.

BLIKSTEIN, Izidoro. *Kaspar Hauser ou a Fabricação da Realidade*. São Paulo: Cultrix/Edusp, 1983.

BRECHT, Bertolt. *Teatro Dialético*. Rio de Janeiro: Civilização Brasileira, 1967.

_____ *Estudos Sobre Teatro*. Rio de Janeiro: Nova Fronteira, 2005.

BROOK, Peter. *The Empty Space*. Harmondsworth: Penguin, 1986.

CARLSON, Marvin. *Teorias do Teatro*. São Paulo: Editora Unesp, 1997.

COELHO, Teixeira. *Moderno Pós Moderno*. Porto Alegre: L&PM, 1986.

_____. *O Que é Indústria Cultural*. São Paulo: Brasiliense, 1989.

DESGRANGES, Flávio. *A Pedagogia do Espectador*. São Paulo: Hucitec, 2003.

FOKKEMA, Douwe W. *História Literária: Modernismo e Pós-Modernismo*. Lisboa: Vega, [s.d.].

FOUCAULT, Michel. *A Ordem do Discurso*. São Paulo: Loyola, 1996.

_____. *Les Mots et les choses*. Paris: Gallimard, 1996.

GALEÃO, Celeste Aida N.R. *Os Vespões de Peter Handke*. São Paulo: Nova Série-FFLCH, 1981.

GILMAN, Richard. *The Making of Modern Drama*. New York: Farrar, Strauss and Giroux, 1975.

GLOCK, Hans-Johann. *Dicionário Wittgenstein*. Rio de Janeiro: Jorge Zahar, 1998.

GOLDSCHMIDT, Georges-Arthur. *Peter Handke*. Paris: Seuil, 1988.

GRAYLING, A C. *Wittgenstein*. São Paulo: Loyola, 2002.

KOBERG, Roland. *Claus Peymann: Aller Tage Abenteuer*. Berlin: Henschel, 1999.

KOUDELA, Ingrid Dormien. *Um Vôo Brechtiano*. São Paulo: Perspectiva, 1992.

_____. *Texto e Jogo*. São Paulo: Perspectiva, 1996.

_____. *Brecht na Pós-Modernidade*. São Paulo: Perspectiva, 2001.

_____. (org.) *Heiner Muller: O Espanto no Teatro*. São Paulo: Perspectiva, 2003.

LEHMANN, Hans-Thies. *Le Théâtre postdramatique*. Paris: L'Arche, 2002.

MAINGUENEAU, Dominique. *Pragmática Para o Discurso Literário*. São Paulo: Martins Fontes, 1996.

MARCUSE, Herbert. *Eros e Civilização*. Rio de Janeiro: Zahar, 1969.

MORENO, Arley R. *Wittgenstein: Através das Imagens*. Campinas: Editora da Unicamp, 1995.

_____. *Wittgenstein: Os Labirintos da Linguagem*. São Paulo: Moderna, 2003.

MORRISSETTE, Bruce. *Les Romans de Robbe-Grillet*. Paris: Minuit, 1963.

PAVIS, Patrice. *Dicionário de Teatro*. São Paulo: Perspectiva, 1999.

_____. *Le Théâtre contemporain: Analyse des textes, de Sarraute à Vinaver*. Paris: Nathan/VUEF, 2002.

ROBBE-GRILLET, Alain. *Por um Novo Romance*. Lisboa: Europa-América, 1965.

_____. *Por Que Amo Barthes*. Rio de Janeiro: URFJ, 1995.

RÖHL, Ruth. *O Teatro de Heiner Müller*. São Paulo: Perspectiva, 1997.

ROOSE-EVANS, James. *Experimental Theatre*. New York: Avon, 1973.

ROSENFELD, Anatol. *O Teatro Épico*. São Paulo: DESA-Buriti, 1965.

_____. *Teatro Alemão*. São Paulo: Brasiliense, 1968.

ROUBINE, Jean-Jacques. *A Linguagem da Encenação Teatral (1880-1980)*. Rio de Janeiro: Zahar, 1982.

RYNGAERT, Jean-Pierre. *Introdução à Análise do Teatro*. São Paulo: Martins Fontes, 1996.

_____. *Ler o Teatro Contemporâneo*. São Paulo: Martins Fontes, 1998.

SCHECHNER, Richard. *Performance Theory*. New York: Routledge, 1988.

SCHEMELING, Manfred. *Métathéâtre et intertexte*. Paris: Lettres Modernes, 1982.

SERREAU, Geneviève. *Historia del Nouveau Théâtre*. Mexico: Siglo Veintuno, 1967.

SZONDI, Peter. *Teoria do Drama Moderno (1880-1950)*. São Paulo: Cosac Naify, 2003.

THEODOR, Erwin. *A Literatura Alemã*. São Paulo: T. A. Queiroz/Edusp, 1980.

THORAU, Henry. *Perspectivas do Moderno Teatro Alemão*. São Paulo: Brasiliense, 1984.

UBERSFELD, Anne. *Lire le théâtre I*. Paris: Belin, 1996.

_____. *Lire le théâtre II L'école du spectateur*. Paris: Belin, 1996.

WALKER, John A. *A Arte Desde o Pop*. Barcelona: Labor do Brasil, 1977.

WILLIAMS, Raymond. *Tragédia Moderna*. São Paulo: Cosac Naify, 2002.

WILSON, Simon. *A Arte Pop*. Barcelona: Labor do Brasil, 1975.

Periódicos

BESSON, Jean-Louis. Quand on commence à écrire, arrivent les idées recues. *Travail Théatral*. Dijon, n. 32-33, 1979.

HILTON, Julian. Four Walls. *Gambit International Theatre Review*, London, n. 39-40, 1982.

PASOLINI, Píer Paolo. Manifesto Por um Novo Teatro. *Folhetim*, Rio de Janeiro, n. 11, set.-dez. 2001.

SILVA, Alexandra Moreira da. Une Passion poétique: Peter Handke e le "Stationendrama". *Études Théâtrales*. n. 24-25. Louvain-la-Neuve, 2002. (Écritures dramatiques contemporaines. L'avenir d'une crise.)

COLEÇÃO TEXTOS 1. MARTA, A ÁRVORE E O RELÓGIO ▪ Jorge Andrade ¶2. ANTOLOGIA DOS POETAS BRASILEIROS DA FASE COLONIAL ▪ Sérgio Buarque de Holanda ¶3. A FILHA DO CAPITÃO E O JOGO DAS EPÍGRAFES ▪ Aleksandr S. Púchkin; Helena S. Nazario ¶4. TEXTOS CRÍTICOS ▪ Augusto Meyer (João Alexandre Barbosa, org.) ¶5. O DIBUK ▪ Sch. An-ski (J. Guinsburg, org.) ¶6. PANORAMA DO MOVIMENTO SIMBOLISTA BRASILEIRO (2 VOLS.) ▪ Andrade Muricy ¶7. ENSAIOS ▪ Thomas Mann (Anatol Rosenfeld, seleção) ¶8. LEONE DE' SOMMI: UM JUDEU NO TEATRO DA RENASCENÇA ITALIANA ▪ J. Guinsburg (org.) ¶9. CAMINHOS DO DECADENTISMO FRANCÊS ▪ Fulvia M. L. Moretto (org.) ¶10. URGÊNCIA E RUPTURA ▪ Consuelo de Castro ¶11. PIRANDELLO: DO TEATRO NO TEATRO ▪ J. Guinsburg (org.) ¶12. DIDEROT OBRAS I. FILOSOFIA E POLÍTICA ▪ J. Guinsburg (org.) OBRAS II. ESTÉTICA, POÉTICA E CONTOS ▪ J. Guinsburg (org.) ¶OBRAS III. O SOBRINHO DE RAMEAU ▪ J. Guinsburg (org.) ¶OBRAS IV. JACQUES, O FATALISTA, E SEU AMO ▪ J. Guinsburg (org.) ¶OBRAS V. O FILHO NATURAL ▪ J. Guinsburg (org.) ¶OBRAS VI. (1) O ENCICLOPEDISTA – HISTÓRIA DA FILOSOFIA I ▪ J. Guinsburg e Roberto Romano (orgs.) ¶(2) O ENCICLOPEDISTA – HISTÓRIA DA FILOSOFIA II ▪ J. Guinsburg e Roberto Romano (orgs.) ¶(3) O ENCICLOPEDISTA – ARTE, FILOSOFIA E POLÍTICA ▪ J. Guinsburg e Roberto Romano (orgs.) ¶OBRAS VII. A RELIGIOSA ▪ J. Guinsburg (org.) ¶13. MAKUNAÍMA E JURUPARI: COSMOGONIAS AMERÍNDIAS ▪ Sérgio Medeiros (org.) ¶14. CANETTI: O TEATRO TERRÍVEL ▪ Elias Canetti ¶15. IDÉIAS TEATRAIS: O SÉCULO XIX NO BRASIL ▪ João Roberto Faria ¶16. HEINER MÜLLER: O ESPANTO NO TEATRO ▪ Ingrid D. Koudela (org.) ¶17. BÜCHNER: NA PENA E NA CENA ▪ J. Guinsburg e Ingrid D. Koudela (orgs.) ¶18. TEATRO COMPLETO ▪ Renata Pallottini ¶19. (I) A REPÚBLICA DE PLATÃO ▪ J. Guinsburg (org.) ¶(II) GÓRGIAS, DE PLATÃO ▪ Daniel R. N. Lopes (org.) ¶20. BARBARA HELIODORA: ESCRITOS SOBRE TEATRO ▪ Claudia Braga (org.) ¶21. HEGEL E O ESTADO ▪ Franz Rosenzweig ¶22. ALMAS MORTAS ▪ Nikolai Gógol ¶23. MACHADO DE ASSIS: DO TEATRO ▪ João Roberto Faria (org.) ¶24. DESCARTES: OBRAS ESCOLHIDAS ▪ J. Guinsburg, Roberto Romano e Newton Cunha (orgs.) ¶25. LUÍS ALBERTO DE ABREU: UM TEATRO DE PESQUISA ▪ Adélia Nicolete (org.) ¶26. TEATRO ESPANHOL DO SÉCULO DE OURO ▪ J. Guinsburg e Newton Cunha (orgs.) ¶27. TÉVYE, O LEITEIRO ▪ Scholem Aleikhem ¶28. TATIANA BELINKY: UMA JANELA PARA O MUNDO – TEATRO PARA CRIANÇAS E PARA TODOS ▪ Maria Lúcia de Souza Barros Pupo (org.) ¶29 SPINOZA OBRA COMPLETA I: (BREVE) TRATADO E OUTROS ESCRITOS ▪ J. Guinsburg; Newton Cunha e Roberto Romano (orgs.) ¶OBRA COMPLETA II: CORRESPONDÊNCIA COMPLETA E VIDA ▪ J. Guinsburg; Newton Cunha e Roberto Romano (orgs.) ¶OBRA COMPLETA III: TRATADO TEOLÓGICO-POLÍTICO ▪ J. Guinsburg; Newton Cunha e Roberto Romano (orgs.) ¶OBRA COMPLETA IV: ÉTICA E COMPÊNDIO DE GRAMÁTICA DA LÍNGUA HEBRAICA ▪ J. Guinsburg; Newton Cunha e Roberto Romano (orgs.) ¶30. COMENTÁRIO SOBRE A "REPÚBLICA" ▪ Averróis (Rosalie H.S. Pereira, org.) ¶31. HÓSPEDE POR UMA NOITE ▪ Sch.I. Agnon ¶32. PETER HANDKE: PEÇAS FALADAS ▪ Samir Signeu (org.)

Este livro foi impresso na cidade de São Paulo,
nas oficinas da MarkPress Brasil, em junho de 2015,
para a Editora Perspectiva.